TGAU

Almaeneg CBAC

CANLLAW ADOLYGU

Chris Whittaker a
Bethan McHugh

Crown House Publishing
www.crownhouse.co.uk

Addasiad Cymraeg o *WJEC German GCSE Revision Guide* a gyhoeddwyd yn 2018 gan
Crown House Publishing Cyf.
Crown Buildings, Bancyfelin, Caerfyrddin, SA33 5ND
www.crownhouse.co.uk
a
Crown House Publishing Company CAC
PO Box 2223, Williston, VT 05495
www.crownhousepublishing.com

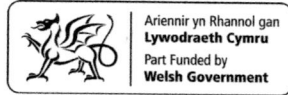

Ariennir yn Rhannol gan **Lywodraeth Cymru**
Part Funded by **Welsh Government**

Cyhoeddwyd dan nawdd Cynllun Adnoddau Addysgu a Dysgu CBAC

Llun y clawr © Alfonso de Tomás, © dikobrazik, © robodread – Fotolia.com.
Eiconau, tudalennau 4–5, 9, 11, 13, 15, 17, 25, 41, 106–133, © schinsilord – Fotolia.
Tudalen 7, © LuckyImages – Fotolia. Tudalennau 18–19, © JB Fontana – Fotolia. Tudalen 21, © Milkos – Fotolia.
Tudalen 23, © micromonkey – Fotolia. Tudalen 27, © talitha – Fotolia. Tudalennau 28–29, © Brian Jackson – Fotolia.
Tudalen 31, © belekekin – Fotolia. Tudalen 32, © BillionPhotos.com – Fotolia. Tudalen 33 (b), © freshidea – Fotolia.
Tudalen 33 (g), Lsantilli – Fotolia. Tudalen 34, © WaveBreakMediaMicro – Fotolia. Tudalen 36, © corund – Fotolia.
Tudalen 37, © Focus Pocus LTD – Fotolia. Tudalennau 38–39, © Svenni – Fotolia. Tudalen 42, © Dylan Randell.
Tudalen 43 (b), © Aliaksei Lasevich – Fotolia. Tudalen 43 (g), © eivaisla – Fotolia. Tudalen 45, © Thaut Images
– Fotolia. Tudalen 46, © Farina3000 – Fotolia. Tudalen 47, © JackF – Fotolia. Tudalennau 48–49, © andyastbury –
Fotolia. Tudalen 53 (b), © silver-john – Fotolia. Tudalen 53 (g), © saknarong – Fotolia. Tudalen 55, © JFL Photography
– Fotolia. Tudalen 56, © lucadp – Fotolia. Tudalen 57, © connel_design – Fotolia. Tudalennau 58–59, © Black Spring –
Fotolia. Tudalen 62, © berc – Fotolia. Tudalen 63, © Zerophoto – Fotolia. Tudalen 65, © jarek106 – Fotolia.
Tudalen 67, © zhu difeng – Fotolia. Tudalennau 68–69, © peshkov – Fotolia. Tudalen 72, © korionov – Fotolia.
Tudalen 73, © icsnaps – Fotolia. Tudalen 75, © sanchos303 – Fotolia. Tudalen 76, © niroworld – Fotolia. Tudalen 77,
© Monkey Business – Fotolia. Tudalennau 78–79, © sebra – Fotolia. Tudalen 81, © Vladimir Melnikov – Fotolia.
Tudalen 82, © Monkey Business – Fotolia. Tudalen 83, © famveldman – Fotolia. Tudalen 85, © Antonio Gravante –
Fotolia. Tudalen 87, © Christian Schwier – Fotolia. Tudalennau 88–89, © mikola249 – Fotolia. Tudalen 91 (b),
© Tamara Kulikova – Fotolia. Tudalen 91 (g), © zhu difeng – Fotolia. Tudalen 93, © pathdoc – Fotolia. Tudalen 95,
© djile – Fotolia. Tudalen 97, © goodluz – Fotolia. Tudalen 99, © connel_design – Fotolia. Tudalen 101 (b), © vege
– Fotolia. Tudalen 101 (g), © Syda Productions – Fotolia. Tudalen 104, © Olivier Le Moal – Fotolia. Tudalen 105,
© javiindy – Fotolia.

Data *Catalogio drwy Gyhoeddi* y Llyfrgell Brydeinig

Mae cofnod catalog ar gyfer y llyfr hwn ar gael gan y Llyfrgell Brydeinig.

ISBN 978-178583482-0

Argraffwyd a rhwymwyd yn y DU gan TJ International, Padstow, Cornwall

CYNNWYS

CYFLWYNO TGAU ALMAENEG CBAC

Mae eich TGAU Almaeneg wedi'i rannu yn dair prif thema:

- HUNANIAETH A DIWYLLIANT
- CYMRU A'R BYD – MEYSYDD O DDIDDORDEB
- ASTUDIAETH GYFREDOL, ASTUDIAETH YN Y DYFODOL A CHYFLOGAETH

Bydd eich pedwar arholiad Almaeneg (SIARAD, GWRANDO, DARLLEN ac YSGRIFENNU) yn rhoi sylw cyfartal i'r tair thema hyn. Mae pob arholiad yn werth 25% o'ch gradd derfynol. Dydych chi ddim yn cael defnyddio geiriadur mewn unrhyw arholiad.

Nawr am y darn dryslyd! Mae gan bob un o'r tair thema hyn wahanol is-themâu sy'n cael eu rhannu yn adrannau. Mae'r adrannau hyn i gyd yr un mor bwysig – felly peidiwch â threulio eich amser i gyd yn canolbwyntio ar eich hoff rai! Gwnewch yn siŵr eich bod chi'n rhoi'r un faint o amser i adolygu pob un o'r pynciau.

HUNANIAETH A DIWYLLIANT	CYMRU A'R BYD – MEYSYDD O DDIDDORDEB	ASTUDIAETH GYFREDOL, ASTUDIAETH YN Y DYFODOL A CHYFLOGAETH
DIWYLLIANT IEUENCTID - Yr hunan a pherthnasoedd - Technoleg a chyfryngau cymdeithasol **FFORDD O FYW** - Iechyd a ffitrwydd - Adloniant a hamdden **ARFERION A THRADDODIADAU** - Bwyd a diod - Gwyliau a dathliadau	**Y CARTREF A'R ARDAL LEOL** - Ardaloedd lleol o ddiddordeb - Teithio a thrafnidiaeth **Y BYD EHANGACH** - Nodweddion lleol a rhanbarthol yr Almaen a gwledydd Almaeneg eu hiaith - Gwyliau a thwristiaeth **CYNALIADWYEDD BYD-EANG** - Yr amgylchedd - Materion cymdeithasol	**ASTUDIAETH GYFREDOL** - Bywyd ysgol/coleg - Astudiaethau ysgol/coleg **MENTER, CYFLOGADWYEDD A CHYNLLUNIAU AR GYFER Y DYFODOL** - Cyflogaeth - Sgiliau a rhinweddau personol - Astudiaeth ôl-16 - Cynlluniau gyrfa

Mae'r canllaw adolygu hwn yn ymdrin â phob un o'r themâu a'r is-themâu, yn ogystal â rhoi awgrymiadau a chyngor i chi ar sut i baratoi ar gyfer pob arholiad gyda digon o gwestiynau math arholiad ac ymarfer gramadeg i'ch helpu. Viel Glück!

Sylwch: Byddwn ni'n cyfeirio at y Gymraeg drwy gydol y canllaw adolygu hwn fel yr iaith ar gyfer ateb a chyfieithu i/o'r Almaeneg. Ond os ydych chi'n astudio TGAU Almaeneg drwy gyfrwng y Saesneg, yna newidiwch 'Cymraeg' i 'Saesneg'.

Yr arholiad cyntaf y byddwch chi'n ei wneud yw'r arholiad siarad. Mae hwn fel arfer yn cael ei gynnal dipyn yn gynt na'r tri arholiad arall. Bydd yr arholiad cyfan yn para tua 20 munud, yn cynnwys eich amser paratoi. Dyma beth fydd yn digwydd:

1. Byddwch chi'n mynd i ystafell baratoi gyda goruchwyliwr a byddwch chi'n cael llyfryn. Mae'r llyfryn yn cynnwys eich chwarae rôl, llun ar gerdyn a dewisiadau ar gyfer y sgwrs. Byddwch chi'n cael 12 munud i baratoi ar gyfer yr arholiad ac i wneud nodiadau. Fyddwch chi ddim yn gallu ysgrifennu brawddegau llawn na sgript ond dylech chi gael amser i feddwl am yr hyn rydych chi'n mynd i'w ddweud a nodi rhai geiriau allweddol ac ymadroddion defnyddiol.

2. Ar ôl i'ch amser paratoi ddod i ben, byddwch chi'n mynd i mewn i'r ystafell arholiad gyda'ch athro/athrawes. Byddwch chi'n cael mynd â'ch nodiadau gyda chi. Ar ôl i'r athro/athrawes recordio eich enw, eich rhif ymgeisydd, ac yn y blaen, bydd yr arholiad yn dechrau. Byddwch chi'n gwneud y chwarae rôl, yna'r llun ar gerdyn ac yn olaf y sgwrs. Ni fydd y recordiad yn cael ei stopio rhwng pob adran.

CHWARAE RÔL

Bydd eich chwarae rôl yn edrych yn debyg i hyn:

Sefyllfa: Mae eich ffrind o'r Almaen wedi dod i ymweld â chi ac rydych chi'n siarad am iechyd. Bydd eich athro/athrawes yn chwarae rhan eich ffrind o'r Almaen.

Eich athro/athrawes fydd yn siarad gyntaf.

- Dywedwch pa chwaraeon rydych chi'n eu gwneud/chwarae.
- Rhowch farn am fwyd cyflym.
- Atebwch y cwestiwn.
- Gofynnwch i'ch ffrind beth mae ef/hi yn ei wneud i gadw'n iach.
- Dywedwch beth fwytoch chi ddoe.

Bydd brawddeg ar y dechrau yn Gymraeg. Dyma'r 'sefyllfa' ac mae'n esbonio thema'r chwarae rôl. Peidiwch â phoeni gormod am y manylion. Y peth pwysicaf yw'r thema – iechyd, yn yr enghraifft hon – a'r rhan sy'n dweud wrthoch chi pwy fydd yn siarad gyntaf (eich athro/athrawes fel arfer, ond ddim bob tro).

Mae **pump** o bwyntiau bwled ym mhob chwarae rôl. Gwnewch yn siŵr eich bod chi'n ymateb â brawddeg lawn i bob un.

Pan welwch chi **Atebwch y cwestiwn** bydd yn rhaid i chi ymateb i gwestiwn nad ydych chi wedi paratoi ar ei gyfer. Yn eich amser paratoi, ceisiwch feddwl am y math o beth a allai gael ei ofyn i chi.

Bydd yn rhaid i chi hefyd **ofyn** cwestiwn. Gallai hwn fod yn gwestiwn eithaf syml – e.e. Rauchst du?

Ar yr Haen Sylfaenol bydd un o'r sbardunau mewn amser gwahanol (y gorffennol fel arfer). Gwrandewch am gliwiau fel ddoe, y llynedd, y penwythnos diwethaf. Ar gyfer yr Haen Uwch bydd dau sbardun mewn amser gwahanol. Gwrandewch am gliwiau i'ch ysgogi i ddefnyddio'r dyfodol neu'r amodol – e.e. yfory, yr wythnos nesaf, yn y dyfodol.

Yn wahanol i rannau eraill o'r arholiad siarad, fyddwch chi ddim yn cael marciau ychwanegol am ychwanegu manylion pellach, safbwyntiau, etc. Yn y chwarae rôl dim ond y wybodaeth mae'r pwyntiau bwled yn gofyn amdani mae angen i chi ei rhoi a dim byd arall.

Mae'n bosibl y bydd yn rhaid i chi roi barn neu safbwynt. Does dim gwahaniaeth a ydych chi'n credu hyn neu beidio, cyn belled â'ch bod chi'n dweud rhywbeth.

Ceisiwch ateb mewn brawddeg lawn gan ddefnyddio berf addas – e.e. Fast Food ist lecker nid yn unig lecker.

LLUN AR GERDYN

Byddwch chi'n cael eich llun a **dau** gwestiwn ymlaen llaw, felly does dim esgus dros beidio â chael atebion llawn, estynedig yn barod. Fydd eich athro/athrawes ddim eisiau i chi ddarllen sgript, ond dylai fod gennych chi syniad da am beth i'w ddweud. Bydd eich cerdyn yn edrych yn debyg i hyn:

- Beschreibe das Foto./Was passiert auf diesem Foto?
- Feierst du lieber mit Freunden oder Familie? Warum?

Bydd y cwestiwn cyntaf bob amser yn gofyn i chi ddisgrifio'r llun. Nid yw faint yn union y dylech ei ddweud wedi'i bennu, ond dylech chi anelu at o leiaf **tri** neu **bedwar** o fanylion i gael y marciau uchaf – e.e. Pwy sydd yn y llun? Beth maen nhw'n ei wneud? Ble maen nhw? Pam maen nhw yno? Beth arall sydd yn y llun? Beth rydych chi'n ei feddwl am y llun?

Bydd yr ail gwestiwn fel arfer yn gofyn am farn. Ceisiwch ymhelaethu cymaint ag y gallwch chi. Gwnewch yn siŵr eich bod chi'n cyfiawnhau ac yn esbonio eich safbwyntiau ac yn rhoi cymaint o wybodaeth â phosibl.

CWESTIYNAU HEB EU GWELD O'R BLAEN

Yna bydd eich athro/athrawes yn gofyn **dau** gwestiwn heb eu gweld o'r blaen. Yn y cwestiwn cyntaf heb ei weld o'r blaen, bydd angen i chi fel arfer roi sylw ar farn – e.e.:

- Geburtstagspartys sind sehr teuer. Was sagst du dazu? Mae partïon pen-blwydd yn ddrud iawn. Beth yw dy farn di?

Fel arfer, bydd angen ateb y cwestiwn olaf mewn amser gwahanol – e.e.:

- **Was hast du an deinem letzten Geburtstag gemacht?** Beth wnest ti ar gyfer dy ben-blwydd diwethaf?
- **Was wäre deine Traumparty?** Sut beth fyddai dy barti delfrydol?

Yn ystod eich amser paratoi, ceisiwch feddwl am rai o'r pethau a allai godi yn y cwestiynau heb eu gweld o'r blaen. Gwrandewch yn ofalus ar yr hyn mae'r athro/athrawes yn ei ddweud a pheidiwch â dyfalu – os nad ydych chi'n deall, gofynnwch iddo/iddi ailadrodd y cwestiwn. Fyddwch chi ddim yn colli marciau a bydd hyn yn rhoi mwy o amser i chi feddwl! Does dim rhaid i chi gytuno â barn yr athro/athrawes.

Dyma rai ymadroddion a chwestiynau defnyddiol:

Deiner Meinung nach	Yn dy farn di
Beschreibe	Disgrifia
Warum sagst du das?	Pam rwyt ti'n dweud hynny?
Warum (nicht)?	Pam (ddim)?
Was denkst du?	Beth yw dy farn di?
Magst du lieber ...?	Pa un sy'n well gen ti ...?
Was passiert ...?	Beth sy'n digwydd …?
Was sind die positiven/negativen Aspekte?	Beth yw'r agweddau cadarnhaol/negyddol?
Was sind die Vorteile/Nachteile?	Beth yw'r manteision/anfanteision?

SGWRS

Mae'r sgwrs yn para 3–5 munud (Sylfaenol) a 5–7 munud (Uwch). Mae'n cael ei rhannu'n gyfartal yn ddwy ran.

- Rhan 1 – Byddwch chi'n cael dewis o is-themâu. Byddwch chi'n dechrau'r rhan hon o'r sgwrs drwy ddweud beth rydych chi wedi dewis siarad amdano.
- Rhan 2 – Bydd hon ar thema wahanol ac fe gewch chi ddewis o is-themâu.

Y sgwrs yw eich cyfle chi i ddangos hyd a lled eich gwybodaeth o'r iaith. Does dim rhaid i'r hyn rydych chi'n ei ddweud fod yn ffeithiol gywir cyn belled â bod eich Almaeneg yn gwneud synnwyr! Mae angen i chi wneud yn siŵr eich bod chi'n gallu rhoi rhai atebion yn yr amser gorffennol, y presennol a'r dyfodol er mwyn cael y marciau uchaf. Ceisiwch roi manylion a safbwyntiau ychwanegol a'u cyfiawnhau lle mae hynny'n bosibl, a chynnwys rhai ymadroddion cymhleth.

Os ewch chi i drafferth ...?

- Os nad ydych chi'n deall cwestiwn, gofynnwch i'ch athro/athrawes ei ailadrodd.
- Peidiwch â phoeni os nad ydych chi'n cofio gair arbennig, dywedwch rywbeth arall yn ei le.
- Os ydych chi'n gwneud camgymeriad, mae'n iawn i chi eich cywiro eich hun.

ARHOLIAD GWRANDO

Yn yr arholiad gwrando, gallwch chi ddisgwyl clywed gwahanol fathau o iaith lafar a allai gynnwys ymsonau (monologau), sgyrsiau, trafodaethau, cyfweliadau, cyhoeddiadau, hysbysebion a negeseuon.

- Cyn i'r arholiad ddechrau, byddwch chi'n cael 5 munud o amser darllen. Peidiwch â gwastraffu'r amser hwn yn ysgrifennu eich enw a'ch rhif ymgeisydd! Defnyddiwch yr amser i ddarllen y cwestiynau'n ofalus ac i wneud yn siŵr eich bod chi'n gwybod beth mae angen i chi ei wneud, etc. Gwnewch nodyn o unrhyw eiriau allweddol ac ymadroddion a allai fod yn ddefnyddiol.
- Darllenwch y cwestiynau a gwnewch yn siŵr eich bod chi'n rhoi'r wybodaeth mae'r cwestiynau'n gofyn amdani – e.e. beth, pam, pryd, etc. Rhowch sylw i'r negyddol. Mae'r cwestiwn 'Pa hobi mae hi'n ei hoffi?' yn gofyn am ateb gwahanol iawn i 'Pa hobi dydy hi **ddim** yn ei hoffi?'
- Fel arfer bydd y papur yn dechrau â'r cwestiynau hawsaf ac yn mynd yn fwy anodd wedyn.
- Byddwch chi'n clywed pob darn ddwywaith.
- Mae **naw** cwestiwn ond dydyn nhw ddim i gyd yn werth yr un faint o farciau. Mae rhai cwestiynau'n werth 4, 5 a 6 marc felly rhowch ddigon o sylw i'r rhain!
- Gwiriwch yn ofalus faint o farciau sy'n cael eu rhoi ar gyfer y cwestiwn. Os yw'r papur yn gofyn i chi roi tic mewn pedwar blwch, gwnewch yn siŵr nad ydych chi'n ticio mwy na phedwar. Byddwch chi'n colli marciau os gwnewch chi hynny.
- Darllenwch y cwestiwn yn ofalus a gwrandewch ar y recordiad i glywed unrhyw eiriau allweddol sy'n gysylltiedig â'r cwestiwn. Ewch dros y cwestiwn eto i wneud yn siŵr eich bod chi'n gwybod yn union beth sy'n cael ei ofyn. Gwrandewch ar y recordiad am yr ail dro. Penderfynwch ar eich ateb terfynol.
- Bydd **dau** gwestiwn yn Almaeneg ar eich papur. Fyddwch chi ddim yn gwybod lle byddan nhw nes i chi weld eich papur ac mae'n bosibl na fyddan nhw drws nesaf i'w gilydd. Mae'n debyg y byddan nhw'n gofyn am ateb ar ffurf tic neu lythyren, etc. ond efallai y bydd yn rhaid i chi ysgrifennu rhywbeth yn Almaeneg. Os ysgrifennwch chi yn Gymraeg, fyddwch chi ddim yn cael y marc, hyd yn oed os yw'n gywir. Rhaid i chi ateb yn yr un iaith â'r cwestiwn bob amser.
- Peidiwch â gadael atebion yn wag. Ceisiwch ddyfalu'n synhwyrol!

ARHOLIAD DARLLEN

Yn yr arholiad darllen, gallwch chi ddisgwyl gweld amrywiaeth o destunau o wahanol hyd, wedi'u hysgrifennu mewn arddulliau ffurfiol ac anffurfiol – e.e. erthyglau cylchgrawn, taflenni gwybodaeth, hysbysebion, testunau llenyddol, etc.

- Fel yn achos yr arholiad gwrando, bydd y papur darllen fel arfer yn dechrau â'r cwestiynau hawsaf ac yn mynd yn fwy anodd yn raddol – ond y cyfieithiad i'r Gymraeg fydd y cwestiwn olaf bob tro.
- Bydd **dau** gwestiwn am destunau llenyddol. Peidiwch â phoeni gormod am y rhain – dylech chi eu trin nhw fel unrhyw gwestiwn darllen arall.
- Byddwch chi'n cael **tri** chwestiwn yn Almaeneg ac, fel gyda'r arholiad gwrando, gallen nhw fod unrhyw le ar y papur. Fyddwch chi ddim yn gwybod lle byddan nhw nes i chi weld eich papur ac mae'n bosibl na fyddan nhw drws nesaf i'w gilydd. Mae'n debyg y byddan nhw'n gofyn am ateb ar ffurf tic neu lythyren, etc. ond efallai y bydd yn rhaid i chi ysgrifennu rhywbeth yn Almaeneg. Os ysgrifennwch chi yn Gymraeg, fyddwch chi ddim yn cael y marc, hyd yn oed os yw'n gywir. Rhaid i chi ateb yn yr un iaith â'r cwestiwn bob amser.
- Darllenwch y cwestiwn yn ofalus ac edrychwch yn sydyn drwy'r testun am unrhyw eiriau allweddol sy'n gysylltiedig â'r cwestiwn. Ewch dros y cwestiwn eto i wneud yn siŵr eich bod chi'n gwybod yn union beth sy'n cael ei ofyn.
- Ar gyfer yr Haen Sylfaenol, mae'r cwestiynau i gyd yn werth 6 marc ond ar gyfer yr Haen Uwch bydd rhai cwestiynau 8 marc mwy anodd ar ddiwedd y papur.
- Peidiwch â gadael unrhyw gwestiynau heb eu hateb – ceisiwch ddiystyru unrhyw ddewisiadau rydych chi'n siŵr eu bod nhw'n anghywir cyn dyfalu'n gall.
- Yn y cyfieithiad, peidiwch â chyfieithu'r testun air am air – gwnewch yn siŵr bod eich cyfieithiad yn gwneud synnwyr yn yr iaith darged – a gwiriwch eich bod chi'n cyfieithu'r amserau yn gywir.
- Gwiriwch yn ofalus faint o farciau sy'n cael eu rhoi ar gyfer y cwestiwn. Os yw'r papur yn gofyn i chi roi tic mewn pedwar blwch, gwnewch yn siŵr nad ydych chi'n ticio mwy na phedwar. Byddwch chi'n colli marciau am hyn.

Dyma'r mathau o gyfarwyddiadau a allai gael eu defnyddio yn yr arholiadau gwrando a darllen:

Wähle die richtige Antwort	Dewis yr ateb cywir
Hake (✓) das richtige Kästchen ab	Ticia (✓) y blwch cywir
Hake (✓) die drei richtigen Kästchen ab	Ticia (✓) y tri blwch cywir
Ergänze die Sätze auf Deutsch	Cwblha'r brawddegau yn Almaeneg
Höre diesen Bericht/diese Werbung/dieses Gespräch an	Gwranda ar yr adroddiad/hysbyseb/sgwrs yma
Lies die Werbung/den Bericht/den Artikel	Darllen yr hysbyseb/adroddiad/erthygl
Lies die Information von …	Darllen y wybodaeth o …
Schreibe zwei Details	Ysgrifenna ddau fanylyn
Schreibe den richtigen Buchstaben für jede Person	Ysgrifenna'r llythyren gywir ar gyfer pob person
Schreibe den richtigen Buchstaben	Ysgrifenna'r llythyren gywir
Fülle die Tabelle aus	Llenwa'r tabl
Fülle die Lücken aus	Llenwa'r bylchau
Wer …?	Pwy …?
Wer hat was gesagt?	Pwy ddywedodd beth?
Beantworte die Fragen auf Deutsch	Ateb y cwestiynau yn Almaeneg

ARHOLIAD YSGRIFENNU

Yn yr arholiad ysgrifennu, ceisiwch gadw'r pwyntiau canlynol mewn cof:

- Gwiriwch faint o farciau sydd ar gael ar gyfer pob cwestiwn er mwyn gwybod sut i rannu eich amser.
- Edrychwch faint o eiriau maen nhw'n argymell eich bod chi'n eu hysgrifennu.
- Gwnewch gynllun cyn dechrau ysgrifennu.
- Gadewch amser i wirio eich gwaith bob tro.

Gwnewch yn siŵr eich bod:

- Wedi bod yn gyson wrth sillafu.
- Wedi defnyddio'r genedl gywir ar gyfer enwau.
- Wedi defnyddio amserau'r ferf yn briodol.
- Wedi defnyddio'r terfyniadau cywir ar gyfer berfau.
- Wedi cynnwys ystod o strwythurau brawddeg a geirfa.
- Wedi defnyddio ystod o safbwyntiau a rhesymau drostyn nhw.

Sylfaenol: Mae'r arholiad hwn yn cael ei rannu yn bedwar cwestiwn.
- Cwestiwn 1 – Bydd yn rhaid i chi ysgrifennu chwe brawddeg fer yn Almaeneg am y penawdau fydd wedi'u darparu. Byr a syml yw'r nod!
- Cwestiwn 2 – Bydd yn rhaid i chi ysgrifennu cyfanswm o tua 50 gair am y tri phwynt bwled fydd wedi'u darparu. Ceisiwch ysgrifennu'r un faint ar gyfer pob pwynt bwled a gwnewch yn siŵr eich bod chi'n cynnwys safbwyntiau.
- Cwestiwn 3 – Bydd yn rhaid i chi ysgrifennu cyfanswm o tua 100 gair am y tri phwynt bwled fydd wedi'u darparu. Bydd disgwyl i chi ddefnyddio amserau gwahanol yn y cwestiwn hwn.
- Cwestiwn 4: Cyfieithu – Bydd yn rhaid i chi gyfieithu pum brawddeg i'r Almaeneg.

Uwch: Mae'r arholiad hwn yn cael ei rannu yn dri chwestiwn.
- Cwestiwn 1 – Bydd yn rhaid i chi ysgrifennu cyfanswm o tua 100 gair am y tri phwynt bwled fydd wedi'u darparu. Bydd disgwyl i chi ddefnyddio amserau gwahanol yn y cwestiwn hwn.
- Cwestiwn 2 – Bydd yn rhaid i chi ysgrifennu tua 150 o eiriau. Mae dewis o ddau deitl (**peidiwch** ag ysgrifennu ateb i'r ddau!). Bydd disgwyl i chi gyflawnhau eich syniadau a'ch safbwyntiau a defnyddio amrywiaeth o amserau.
- Cwestiwn 3: Cyfieithu – Bydd yn rhaid i chi gyfieithu paragraff i'r Almaeneg.

Dyma'r mathau o gyfarwyddiadau a allai gael eu defnyddio yn yr arholiad ysgrifennu. Mae'r enghreifftiau hyn i gyd yn defnyddio'r ffurf du, ond efallai y cewch chi rai cyfarwyddiadau sy'n defnyddio'r ffurf Sie os yw'r arholwyr am i chi ysgrifennu darn o Almaeneg mwy ffurfiol – e.e. llythyr cais am swydd.

Wähle …	Dewis …
Fülle das Formular auf Deutsch aus	Llenwa'r ffurflen yn Almaeneg
Du musst einen vollständigen Satz schreiben	Mae'n rhaid i ti ysgrifennu brawddeg lawn
Gib Informationen und Meinungen	Rho wybodaeth a safbwyntiau
Schreibe ungefähr 50 Wörter auf Deutsch	Ysgrifenna tua 50 gair yn Almaeneg
Schreibe ungefähr 150 Wörter auf Deutsch	Ysgrifenna tua 150 gair yn Almaeneg
Erkläre …	Esbonia …
Beschreibe …	Disgrifia …
… zu folgenden Themen	… ar y themâu canlynol
Du bekommst einen Brief	Rwyt ti'n derbyn llythyr
Beantworte auf Deutsch	Ateb yn Almaeneg
Du musst Informationen zu folgenden Themen schreiben	Mae'n rhaid i ti gynnwys gwybodaeth am y themâu canlynol
Du kannst weitere Informationen geben	Rwyt ti'n gallu cynnwys mwy o wybodaeth

RHIFAU

RHIFOLION

Dechreuwch drwy ddysgu'r rhifau 0–29:

0	null	8	acht	16	sechzehn	24	vierundzwanzig
1	eins	9	neun	17	siebzehn	25	fünfundzwanzig
2	zwei	10	zehn	18	achtzehn	26	sechsundzwanzig
3	drei	11	elf	19	neunzehn	27	siebenundzwanzig
4	vier	12	zwölf	20	zwanzig	28	achtundzwanzig
5	fünf	13	dreizehn	21	einundzwanzig	29	neunundzwanzig
6	sechs	14	vierzehn	22	zweiundzwanzig		
7	sieben	15	fünfzehn	23	dreiundzwanzig		

Nesaf, gwnewch yn siŵr eich bod chi'n gallu cyfrif fesul deg hyd at 100:

10	zehn	40	vierzig	70	siebzig	100	(ein)hundert
20	zwanzig	50	fünfzig	80	achtzig		
30	dreißig	60	sechzig	90	neunzig		

I lenwi'r bylchau rhwng 30 a 100, defnyddiwch batrwm 20–29 – e.e. 47 – **siebenundvierzig**, 99 – **neunundneunzig**.

Rhifau mwy:

100	(ein)hundert
107	hundert(und)sieben
240	zweihundert(und)vierzig
1000	(ein)tausend
2300	zweitausenddreihundert
1 000 000	eine Million
2 000 000	zwei Millionen

TREFNOLION (CYNTAF, AIL, TRYDYDD, ETC.)

Ychwanegwch **-te** at y rhifau 4 i 19 a **-ste** at rifau o 20 ymlaen. Mae angen i chi fod yn ymwybodol o rai eithriadau – e.e. mae **acht** eisoes yn gorffen gyda **t**, felly ychwanegwch **-e** yn unig:

1 i 1af	eins i **erste**
2 i 2il	zwei i **zweite**
3 i 3ydd	drei i **dritte**

4 i 4ydd	vier i vierte
7 i 7fed	sieben i siebte
8 i 8fed	acht i achte
20 i 20fed	zwanzig i zwanzigste

Mae'n rhaid i drefnolion gytuno â'r enw – e.e. **die zweite Straße, das erste Haus.**

DYDDIADAU

DYDDIAU'R WYTHNOS

Montag	dydd Llun
Dienstag	dydd Mawrth
Mittwoch	dydd Mercher
Donnerstag	dydd Iau
Freitag	dydd Gwener
Samstag	dydd Sadwrn
Sonntag	dydd Sul

Y MISOEDD

Januar	Ionawr
Februar	Chwefror
März	Mawrth
April	Ebrill
Mai	Mai
Juni	Mehefin
Juli	Gorffennaf
August	Awst
September	Medi
Oktober	Hydref
November	Tachwedd
Dezember	Rhagfyr

Y TYMHORAU

Frühling	y gwanwyn
Sommer	yr haf
Herbst	yr hydref
Winter	y gaeaf

DYDDIADAU

der zweite Februar	yr 2il o Chwefror
der erste Oktober	y 1af o Hydref
Heute ist der dritte April	Heddiw yw'r 3ydd o Ebrill

I ddweud pryd mae digwyddiad penodol yn digwydd, gallwch chi ddefnyddio **am** (ar). Defnyddiwch y patrwm canlynol: ar gyfer y rhan fwyaf o drefnolion ychwanegwch **-ten** (hyd at 19) a **-sten** ar ôl 20. Mae rhai ffurfiau afreolaidd:

am ersten Mai

am zweiten Mai

am dritten Mai

am sechsten Mai

am siebten Mai

am achten Mai

am neunten Mai

am zwanzigsten Mai

YR AMSER

Mae angen i chi fod yn gyfarwydd â'r cloc 12 awr a'r cloc 24 awr:

2:00	zwei Uhr
14:00	vierzehn Uhr
8:00	acht Uhr
20:00	zwanzig Uhr

Gallwch chi ychwanegu munudau at yr awr drwy ddefnyddio **nach**:

8:20	zwanzig **nach** acht
11:10	zehn **nach** elf
7:15	Viertel **nach** sieben

Gallwch chi dynnu munudau oddi wrth yr awr gan ddefnyddio **vor**:

9:40	zwanzig **vor** zehn
6:50	zehn **vor** sieben
6:45	Viertel **vor** sieben

I ddweud hanner awr wedi, mae'r Almaeneg yn cyfeirio at yr awr sy'n agosáu:

3:30	halb vier (hanner awr at bedwar o'r gloch)
8:30	halb neun (hanner awr at naw o'r gloch)

GOFYN CWESTIYNAU

Gallwch chi ofyn cwestiynau mewn dwy ffordd wahanol:

Drwy ddefnyddio gair cwestiwn:

wann – pryd
was – beth
wo – ble
warum – pam
wie – sut, pa mor
wer – pwy
welcher – pa

Was lernst du in der Schule? Beth rwyt ti'n ei ddysgu yn yr ysgol?
Wie schwierig ist die Schule? Pa mor anodd yw'r ysgol?

Neu drwy wrthdroi berf – cyfnewid y ferf a'r goddrych:

Lernst du gern Informatik? Wyt ti'n mwynhau dysgu TG?
Ist Schule stressig? Ydy'r ysgol yn achosi straen?

Yn Almaeneg, gall y gair cwestiwn am **pwy** fod yn **wer**, **wen** neu **wem** yn dibynnu ar gyflwr yr enw.

Wer yw'r ffurf enwol – e.e. Wer ist das? Pwy yw hwnna?
Wen yw'r ffurf wrthrychol – e.e. Wen hast du gesehen? Pwy welaist ti?
Wem yw'r ffurf dderbyniol – e.e. Mit wem bist du hier? Gyda phwy rwyt ti yma?

HUNANIAETH A DIWYLLIANT

DIWYLLIANT IEUENCTID

Mae is-thema **Diwylliant Ieuenctid** yn cael ei rhannu yn ddwy ran. Dyma rai awgrymiadau am bynciau i'w hadolygu:

YR HUNAN A PHERTHNASOEDD

- perthnasoedd teuluol
- cyfeillgarwch
- ymddangosiad corfforol a hunanddelwedd
- ffasiwn a thueddiadau
- diwylliant pobl enwog
- problemau pobl ifanc a'r pwysau arnyn nhw
- priodas

TECHNOLEG A CHYFRYNGAU CYMDEITHASOL

- mathau gwahanol o dechnoleg – e.e. tabledi, ffonau symudol, watshys clyfar
- manteision ac anfanteision technoleg
- manteision ac anfanteision y cyfryngau cymdeithasol – e.e. seiberfwlio
- effaith y cyfryngau cymdeithasol
- gemau cyfrifiadur
- dyfodol technoleg
- sut rydych chi'n defnyddio technoleg

AWGRYMIADAU CYFIEITHU

Y GYMRAEG I'R ALMAENEG

- Peidiwch â chyfieithu brawddegau air am air!
- Gwiriwch eich bod chi'n cyfieithu amser y ferf yn gywir.

YR ALMAENEG I'R GYMRAEG

- Peidiwch â chyfieithu'r testun air am air – does dim rhaid i chi gael yr un nifer o eiriau yn eich cyfieithiad ag sydd yn y testun gwreiddiol.
- Peidiwch â methu geiriau bach ond pwysig – e.e. iawn, yn aml, byth/erioed.
- Gwnewch yn siŵr eich bod chi'n cyfieithu ystyr cywir yr amser – e.e. Rwy'n chwarae, Roeddwn i'n chwarae, Byddaf i'n chwarae, Byddwn i'n chwarae. Weithiau gall geiriau allweddol ac ymadroddion – er enghraifft ddoe, yn y dyfodol, yn ddiweddarach, fel arfer – eich helpu i adnabod amser y ferf.

Beschreibe deine Familie.
Disgrifia dy deulu.

Ich habe eine Schwester, die Sophie heißt. Ich verstehe mich gut mit ihr, weil wir die gleiche Musik mögen. Sie ist immer lustig. Außerdem habe ich einen Bruder, der älter als ich ist. Ich denke, dass meine Eltern zu streng sind, und das ist wirklich ärgerlich.
Mae gen i chwaer o'r enw Sophie. Rwy'n cyd-dynnu'n dda â hi gan ein bod ni'n hoffi'r un gerddoriaeth. Mae hi bob amser yn ddoniol. Mae gen i frawd hefyd sy'n hŷn na fi. Rwy'n meddwl bod fy rhieni yn rhy lym ac mae hynny'n ddiflas iawn.

Was hast du letztes Wochenende mit deinen Freunden gemacht?
Beth wnest ti gyda dy ffrindiau y penwythnos diwethaf?

Letzten Freitag bin ich mit meinen Schulfreunden ins Kino gegangen. Nach dem Film sind wir in ein Restaurant gegangen. Wir haben Pizza gegessen.
Dydd Gwener diwethaf, es i i'r sinema gyda fy ffrindiau ysgol. Ar ôl gwylio'r ffilm, aethon ni i fwyty. Bwyton ni pizza.

Findest du Mode wichtig?
Ydy ffasiwn yn bwysig i ti?

Ja, natürlich. Ich finde Models und Prominente inspirierend und ich kaufe gern neue Kleidung. Später möchte ich in der Modeindustrie arbeiten.
Ydy, wrth gwrs. Mae modelau a phobl enwog yn fy ysbrydoli ac rwy'n hoffi prynu dillad newydd. Yn nes ymlaen, hoffwn i weithio yn y diwydiant ffasiwn.

Wer ist dein Lieblingsstar? Warum?
Pwy yw dy hoff seren? Pam?

Ich bewundere Ed Sheeran, weil er gute Texte schreibt. Letztes Jahr habe ich ihn live gesehen. Es war toll!
Rwy'n edmygu Ed Sheeran gan ei fod yn ysgrifennu geiriau caneuon da. Y llynedd, gwelais i ef yn fyw. Roedd yn wych!

Wie würdest du deinen idealen Freund/deine ideale Freundin beschreiben?
Sut byddet ti'n disgrifio dy gariad delfrydol?

> Er/sie würde einen guten Beruf haben und reich und großzügig sein. Meiner Meinung nach ist es wichtig, einen guten Sinn für Humor zu haben.
> Byddai ganddo/ganddi swydd dda a byddai'n gyfoethog ac yn hael. Yn fy marn i, mae'n bwysig cael synnwyr digrifwch da.

Ceisiwch ddefnyddio amrywiaeth o ran geirfa a phatrymau.

Does dim angen (a bydd amser yn brin) disgrifio lliw gwallt, llygaid, pob aelod o'ch teulu, etc. Gallai'r eirfa rydych chi'n ei defnyddio fynd yn ailadroddus iawn.

Mae perygl i'r pwnc hwn fynd yn rhy ddisgrifiadol a dibynnu'n bennaf ar yr amser presennol. Ceisiwch gynnwys rhai safbwyntiau – beth rydych chi'n ei feddwl am wahanol aelodau o'r teulu? Sut rydych chi'n cyd-dynnu â nhw? Pam?

Dywedwch beth wnaethoch chi/beth rydych chi'n mynd i'w wneud gyda'ch teulu er mwyn dangos eich bod chi'n gyfarwydd ag amserau gwahanol y ferf.

GRAMADEG

Ansoddeiriau meddiannol

Mae ansoddeiriau meddiannol yn dangos perchenogaeth – e.e. fy, ei. I ddefnyddio'r ansoddair meddiannol cywir, mae angen i chi wybod:

1. Pa un sydd ei angen – e.e. **mein, dein, sein**.
2. Pa genedl yw'r enw – e.e. **meine Schwester ist ..., mein Bruder ist ...**
3. Y cyflwr y bydd eich enw ynddo.

Dyma rai ansoddeiriau meddiannol:

> mein – fy
> dein – dy (anffurfiol)
> sein – ei ... ef
> ihr – ei ... hi/nhw
> unser – ein
> euer – eich (lluosog)
> Ihr – eich (ffurfiol)

Cyfieithwch y brawddegau canlynol i'r Gymraeg:

TASG ARHOLIAD

1. Meine Tante ist lustig, sympathisch und sportlich.
2. Als ich jünger war, hatte ich viele Freunde.
3. Er versteht sich gut mit seiner Schwester.
4. Wie kommst du mit deiner Familie aus?

Ydych chi wedi cyfieithu'r wybodaeth i gyd? Ydy'r frawddeg rydych chi wedi'i hysgrifennu yn gwneud synnwyr yn Gymraeg?

YR HUNAN A PHERTHNASOEDD

Ich interessiere mich für Mode.	Mae gen i ddiddordeb mewn ffasiwn.
Ich trage lieber Markenkleidung.	Mae'n well gen i wisgo dillad dylunwyr.
Es ist mein Ziel, berühmt zu werden.	Fy nod i yw bod yn enwog.
Ich lese gern Modezeitschriften.	Rwy'n hoffi darllen cylchgronau ffasiwn.
Ich möchte in der Zukunft heiraten.	Hoffwn i briodi yn y dyfodol.
Meiner Meinung nach ist es sehr wichtig, eine Familie zu haben.	Yn fy marn i, mae cael teulu yn bwysig iawn.
Es scheint mir, dass modische Kleidung zu teuer ist.	Mae'n ymddangos i mi bod dillad ffasiynol yn rhy ddrud.
Mein Traumpartner/meine Traumpartnerin würde ... sein/machen/haben.	Byddai fy nghariad delfrydol yn ... / byddai'n gwneud ... / Byddai ganddo/ganddi ...
Ich kann ihm/ihr alles erzählen.	Rwy'n gallu dweud popeth wrtho/wrthi.
Es gibt manchmal Streit.	Weithiau, mae yno ffraeo/dadlau.
Meine Eltern sind zu streng.	Mae fy rhieni yn rhy lym.
Ich kann mich immer auf meine Freunde verlassen.	Rwy'n gallu dibynnu ar fy ffrindiau bob amser.
Wir streiten selten.	Yn anaml rydyn ni'n dadlau.
Wir chatten im Internet.	Rydyn ni'n sgwrsio ar y rhyngrwyd.
Ich sehe wie meine Schwester aus.	Rwy'n edrych yn debyg i fy chwaer.
Meine Freunde sagen, dass ich einen guten Sinn für Humor habe.	Mae fy ffrindiau'n dweud bod gen i synnwyr digrifwch da.
Heutzutage haben junge Leute viele Probleme.	Mae gan bobl ifanc heddiw lawer o broblemau.
Popstars können einen schlechten Einfluss auf junge Leute haben.	Gall sêr y byd pop gael dylanwad gwael ar bobl ifanc.
Ich habe vor, mit meinen Freunden zusammen zu wohnen.	Rwy'n bwriadu byw gyda fy ffrindiau.
Ich verstehe mich gut mit meiner Schwester.	Rwy'n cyd-dynnu'n dda â'm chwaer.
Ich streite mich oft mit meinen Eltern.	Rwy'n dadlau'n aml â'm rhieni.
Er/sie kritisiert mich immer.	Mae ef/hi yn fy meirniadu drwy'r amser.

Defnyddiwch ac addaswch ymadroddion fel y rhain yn eich arholiadau siarad ac ysgrifennu er mwyn cael marciau uwch.

Beschreibe das Foto./Was passiert auf diesem Foto?

Dieses Foto zeigt eine Gruppe von Studenten. Sie sind in der Schule und tragen keine Uniform. Ich glaube, dass sie über das Mädchen, das alleine ist, sprechen. Ich denke, dass sie das Opfer von Schulmobbing ist. Meiner Meinung nach ist sie traurig, weil sie keine Freunde hat.

Yn y llun hwn, mae grŵp o fyfyrwyr. Maen nhw yn yr ysgol a dydyn nhw ddim yn gwisgo gwisg ysgol. Rwy'n meddwl eu bod nhw'n siarad am y ferch sydd ar ei phen ei hun. Rwy'n meddwl ei bod hi'n cael ei bwlio yn yr ysgol. Yn fy marn i, mae hi'n drist achos does ganddi hi ddim ffrindiau.

Nawr, a allwch chi ateb y cwestiynau hyn eich hun?

- **Wie sind deine Freunde?** Sut rai yw dy ffrindiau?
- **Freunde sind wichtiger als Familie. Was sagst du dazu?** Mae ffrindiau yn bwysicach na'r teulu. Beth yw dy farn di?
- **Was wirst du nächstes Wochenende mit deiner Familie machen?** Beth rwyt ti'n mynd i'w wneud gyda dy deulu y penwythnos nesaf?

TECHNOLEG A CHYFRYNGAU CYMDEITHASOL

Was ist deine Lieblingswebseite und warum?
Beth yw dy hoff wefan a pham?

Ich benutze oft Google, um mir mit Hausaufgaben und Schulprojekten zu helfen.
Rwy'n defnyddio Google yn aml i helpu gyda gwaith cartref a phrojectau ysgol.

Wofür benutzt du Social-Media-Seiten?
Ar gyfer beth rwyt ti'n defnyddio'r cyfryngau cymdeithasol?

Ich benutze gern Social-Media-Seiten, um meine Gedanken zu teilen. Ich bleibe in Kontakt mit Freunden überall auf der Welt und sehe gern ihre Fotos.
Rwy'n hoffi defnyddio'r cyfryngau cymdeithasol i rannu fy meddyliau. Rwy'n cadw mewn cysylltiad â'm ffrindiau o amgylch y byd ac rwy'n hoffi gweld eu lluniau.

Was sind die negativen Aspekte von Technologie?
Beth yw agweddau negyddol technoleg?

Technologie kann gefährlich sein. Man kann Leute online treffen, die über ihr Alter oder ihren Namen lügen können. Man muss vorsichtig sein, mit wem man redet.
Gall technoleg fod yn beryglus. Gallwch chi gyfarfod â phobl ar lein sy'n gallu dweud celwydd am eu hoed neu eu henw. Mae'n rhaid i chi fod yn ofalus â phwy rydych chi'n siarad.

Wofür hast du gestern Technologie benutzt?
Ar gyfer beth defnyddiaist ti dechnoleg ddoe?

Ich habe Fotos und Videos hochgeladen. Dann habe ich einen Blog gelesen. Ich habe meine Hausaufgaben am Computer gemacht. Ich habe auch einen Film heruntergeladen.
Llwythais i luniau a fideos i fyny. Yna fe ddarllenais i flog. Gwnes i fy ngwaith cartref ar y cyfrifiadur. Hefyd fe lwythais i ffilm i lawr.

Brauchst du ein Handy?

Oes angen ffôn symudol arnat ti?

> Für die meisten Jugendliche ist ein Handy nötig. Persönlich könnte ich ohne mein Handy nicht leben, weil es so nützlich ist. Ich bin wirklich abhängig!
>
> I'r rhan fwyaf o bobl ifanc, mae ffôn symudol yn hanfodol. Yn bersonol, allwn i ddim byw heb fy ffôn gan ei fod mor ddefnyddiol. Rydw i wir yn gaeth iddo!

Gyda lwc, bydd gennych chi ddigon i'w ddweud am y pwnc hwn!

Efallai eich bod chi'n dwlu ar dechnoleg cymaint fel na allwch chi feddwl am unrhyw anfanteision neu broblemau, ond mae'n bwysig eich bod chi'n gallu cynnig amrywiaeth o safbwyntiau. Dysgwch sawl ffordd o roi barn – e.e. es ist (mae), ich denke, dass (rwy'n meddwl bod), ich finde, dass (rwy'n ffeindio bod), meiner Meinung nach (yn fy marn i), was mich betrifft (o'm rhan i), es wird oft gesagt, dass (dywedir yn aml bod) – a cheisiwch ddefnyddio ystod o ansoddeiriau. Gall arholwyr flino clywed bod popeth yn interessant neu'n langweilig.

SG ARHOLIAD

Atebwch y cwestiynau yn Gymraeg.

Mobbing[1] bekommt über das Internet eine neue Dimension. Es gab eine Cybermobbing-Studie mit mehr als 10 000 Schülern, Eltern und Lehrern. Immer öfter werden zum Mobben internetfähige Handys benutzt, die laut der Studie zwei Drittel aller Schüler besitzen[2]. Jeder sechste Schüler in Deutschland hatte schon einmal ein Problem mit Mobbing im Internet. Das Problem ist am schlimmsten in der Gruppe der 14- bis 16-jährigen, aber es beginnt schon in der Grundschule.

Bei den Opfern[3] bringt das oft Probleme mit sich wie:

* Konzentrationsprobleme
* schlechte Noten in der Schule
* Kopf- und Magenschmerzen
* Angst

[1] bwlio
[2] bod yn berchen ar
[3] dioddefwyr

1. Faint o fyfyrwyr sydd yn berchen ar ffôn symudol? (1 marc)
2. Faint o bobl ifanc sydd wedi cael problem gyda seiberfwlio? (1 marc)
   a. 6000
   b. 1 o bob 6
   c. 1 o bob 2
3. Ysgrifennwch **dair** ffordd y mae'r dioddefwyr yn dioddef. (3 marc)

Cadwch olwg am gliwiau ffug (geiriau mae'r arholwyr yn eu rhoi i geisio eich twyllo chi)! Mae nifer o rifau ac ystadegau yn y testun hwn.

TECHNOLEG A CHYFRYNGAU CYMDEITHASOL

Meine Eltern sagen, dass ich zu viel Zeit im Internet verbringe.	Mae fy rhieni'n dweud fy mod i'n treulio gormod o amser ar y rhyngrwyd.
Ich finde das Internet sehr nützlich.	Rwy'n meddwl bod y rhyngrwyd yn ddefnyddiol iawn.
Meine Eltern kaufen oft Kleidung im Internet.	Mae fy rhieni yn aml yn prynu dillad ar lein.
Ich lade Musik mit meinem Handy herunter.	Rwy'n llwytho cerddoriaeth i lawr gyda fy ffôn symudol.
Letztes Wochenende habe ich viele Urlaubsfotos hochgeladen.	Y penwythnos diwethaf, llwythais i lawer o luniau gwyliau i fyny.
Ich treffe gern neue Leute online.	Rwy'n hoffi cyfarfod â phobl newydd ar lein.
Technologie spielt eine wichtige Rolle im Alltag von Jugendlichen.	Mae technoleg yn chwarae rhan bwysig ym mywyd pobl ifanc.
Meiner Meinung nach ist das Leben einfacher mit Technologie.	Yn fy marn i, mae bywyd yn haws gyda thechnoleg.
Meine Mutter denkt, dass Social-Media-Seiten eine Zeitverschwendung sind.	Mae fy mam yn meddwl bod safleoedd cyfryngau cymdeithasol yn wastraff amser.
Man kann internetsüchtig werden.	Gallwch chi fynd yn gaeth i'r rhyngrwyd.
Cybermobbing ist ein großes Problem.	Mae seiberfwlio yn broblem fawr.
Es gibt viele Internet-Betrügereien.	Mae llawer o sgamiau ar y rhyngrwyd.
Handys sind in einem Notfall sehr nützlich.	Mae ffonau symudol yn ddefnyddiol iawn mewn argyfwng.
Handys verursachen viele Autounfälle.	Mae ffonau symudol yn achosi llawer o ddamweiniau car.
Ich bin abends oft zwei Stunden online, um mit meinen Freunden zu chatten.	Rwy'n aml ar lein am ddwy awr gyda'r nos er mwyn sgwrsio â ffrindiau.

Ffurfiau negyddol

Mae'n hawdd ffurfio brawddegau negyddol yn Almaeneg. Ceisiwch gynnwys rhai yn eich gwaith – e.e. Ich spiele keine Computerspiele.

- Mae **nicht** yn golygu nid ac mae'n cael ei ddefnyddio fel arfer i negyddu berf – e.e. Technologie ist **nicht** wichtig in meinem Leben.
- Fel arfer mae **kein** yn cael ei ddefnyddio i negyddu enw – e.e.:
  Ich habe **kein** Handy.
  Es gibt **keinen** Internetzugang in meinem Dorf.
- Cadwch olwg am eiriau eraill a all wneud brawddeg yn negyddol – e.e.:
  nie – erioed, byth
  nicht mehr – ddim bellach
  nichts – dim byd
  weder ... noch ... – nid ... na/nac ...
  noch nicht – ddim eto
  niemand – neb
  nirgendwo – yn unman

Ysgrifennwch frawddeg lawn yn Almaeneg ar gyfer pob un o'r penawdau:

- eich ffôn symudol
- gemau cyfrifiadur
- cyfryngau cymdeithasol
- technoleg – eich barn
- cerddoriaeth
- y rhyngrwyd – anfantais

Does dim angen ysgrifennu brawddeg gymhleth iawn. Gall brawddeg syml gael marciau llawn hyd yn oed os oes rhai mân wallau ynddi. Nid un ateb cywir yn unig sydd – e.e. ar gyfer y pwynt bwled cyntaf gallech chi ddweud:

Mein Handy ist klein. Mae fy ffôn symudol yn fach.

Neu gallech chi hyd yn oed ddefnyddio brawddeg negyddol:

Ich habe kein Handy. Does gen i ddim ffôn symudol.

HUNANIAETH A DIWYLLIANT

FFORDD O FYW

Mae is-thema **Ffordd o Fyw** yn cael ei rhannu yn ddwy ran. Dyma rai awgrymiadau am bynciau i'w hadolygu:

IECHYD A FFITRWYDD

- bwyta'n iach
- problemau iechyd – e.e. straen, clefydau
- ffordd aniach o fyw *(unhealthy lifestyle)* – e.e. cyffuriau, alcohol, ysmygu
- chwaraeon ac ymarfer
- manteision ffordd iach o fyw

ADLONIANT A HAMDDEN

- cerddoriaeth
- sinema
- teledu
- siopa
- bwyta allan
- gweithgareddau cymdeithasol a hobïau
- cydbwysedd gwaith–bywyd

COFIWCH:

Mae'n bwysig iawn adolygu cwestiynau yn gyson – cofiwch y bydd yn rhaid i chi ateb cwestiynau dydych chi ddim wedi gallu eu rhagweld yn eich arholiad siarad a bydd yn rhaid i chi ofyn cwestiwn yn yr amser presennol yn y chwarae rôl. Mae'n rhaid i chi hefyd siarad am ddigwyddiadau yn y gorffennol, y presennol a'r dyfodol yn y drafodaeth am y llun ar gerdyn a'r sgwrs. Mae'n bwysig iawn eich bod chi'n adnabod cwestiynau mewn amserau gwahanol – e.e. Was machst du normalerweise? (Beth rwyt ti'n ei wneud fel arfer?), Was hast du gestern gemacht? (Beth wnest ti ddoe?), Was wirst du nächste Woche machen? (Beth byddi di'n ei wneud yr wythnos nesaf?). Ceisiwch wrando am ymadroddion amser – e.e. nächste Woche (yr wythnos nesaf), gestern (ddoe), etc. – a fydd yn eich helpu i ateb yn yr amser cywir.

IECHYD A FFITRWYDD

Was machst du, um fit zu bleiben?
Beth rwyt ti'n ei wneud i gadw'n heini?

Ich mache viel, um fit zu bleiben. Ich treibe drei- oder viermal pro Woche Sport und ich esse gesund. Nach meinen Prüfungen werde ich jeden Tag schwimmen gehen.
Rwy'n gwneud llawer o bethau i gadw'n heini. Rwy'n gwneud chwaraeon dair neu bedair gwaith yr wythnos ac rwy'n bwyta'n iach. Ar ôl fy arholiadau, byddaf i'n mynd i nofio bob dydd.

Was machst du lieber – Sport treiben oder Sportsendungen sehen? Warum?
Pa un sy'n well gen ti – gwneud chwaraeon neu wylio rhaglenni chwaraeon? Pam?

Ich bin sehr sportlich und bin Mitglied in der Fußball- und Hockeymannschaft in der Schule. Jedoch sehe ich auch gern Fußballspiele im Stadion oder im Fernsehen.
Rwy'n hoff iawn o chwaraeon ac rwy'n aelod o dimau pêl-droed a hoci yr ysgol. Ond, rydw i hefyd yn hoffi gwylio gemau pêl-droed yn y stadiwm neu ar y teledu.

Was ist schlecht für deine Gesundheit?
Beth sy'n ddrwg i dy iechyd?

Man muss nicht rauchen, weil es ernste Krankenheiten wie Lungenkrebs verursachen kann. Alkohol trinken ist auch schlecht für die Gesundheit. Leider fühlen sich junge Leute oft unter Druck, auf Partys zu trinken.
Ddylech chi ddim ysmygu gan ei fod yn gallu achosi afiechydon difrifol fel canser yr ysgyfaint. Mae yfed alcohol yn ddrwg i'ch iechyd hefyd. Yn anffodus, mae llawer o bobl ifanc yn teimlo o dan bwysau i yfed mewn partïon.

Was wirst du in der Zukunft machen, um gesünder zu essen?
Beth byddi di'n ei wneud yn y dyfodol i fwyta'n fwy iach?

Ich werde mehr Obst essen und fettiges Essen vermeiden. Ich werde versuchen, täglich ein gesundes Frühstück zu essen. Ich werde auch weniger Schokolade essen, obwohl ich das schwer finden werde.
Rwy'n mynd i fwyta mwy o ffrwythau ac osgoi bwyd llawn braster. Rwy'n mynd i geisio bwyta brecwast da bob dydd. Byddaf i'n bwyta llai o siocled, er byddaf i'n cael hynny'n anodd.

Was hast du letztes Wochenende gemacht, um fit zu bleiben?

Beth wnest ti y penwythnos diwethaf i gadw'n heini?

> Samstagmorgen habe ich Tennis mit meinem Bruder gespielt. Dann sind wir ins Sportzentrum gegangen, um zu schwimmen. Es war anstrengend! Bore dydd Sadwrn, chwaraeais i dennis gyda fy mrawd. Yna aethon ni i'r ganolfan chwaraeon i nofio. Roedd e'n waith blinedig!

AMADEG

Cysyllteiriau

Mae rhai cysyllteiriau fel weil (oherwydd) yn newid trefn y geiriau yn Almaeneg. Rydyn ni'n ei alw'n 'ddychrynwr berfau' – h.y. mae'n dychryn y ferf ac yn ei hanfon i ddiwedd y frawddeg.

- Ich esse oder trinke keine Milchprodukte. Ich habe eine Laktose-Intoleranz. Dydw i ddim yn bwyta nac yn yfed unrhyw gynnyrch llaeth. Mae gen i anoddefedd lactos.
- Ich esse oder trinke keine Milchprodukte, **weil** ich eine Laktose-Intoleranz **habe**. Dydw i ddim yn bwyta nac yn yfed unrhyw gynnyrch llaeth gan fod gen i anoddefedd lactos.

Dyma ambell un cyffredin arall:

> bevor – cyn
> da/weil – oherwydd
> obwohl – er
> wenn – pan/os
> damit – er mwyn, fel y

Atebwch y cwestiynau yn Gymraeg.

TASG ARHOLIAD

Die meisten **Jugendlichen** sind heutzutage knapp 15 Jahre alt, wenn sie ihr erstes Glas **Alkohol trinken**. Im Jahr 2004 lag das Durchschnittsalter noch bei 14 Jahren. Die Schlagzeile in den Zeitungen „Jugendliche trinken immer früher Alkohol" stimmt also nicht.

Viele junge Erwachsene im Alter zwischen 18 und 25 Jahren haben in ihrem Leben schon einmal Alkohol getrunken, nämlich 96 Prozent. Bei den 12- bis 17-jährigen Jugendlichen sieht das schon anders aus: 69 Prozent von ihnen berichten über Erfahrungen mit Alkohol. 31 Prozent haben noch nie in ihrem Leben Alkohol getrunken.

Die Definition von regelmäßigem **Alkoholkonsum** ist „mindestens einmal pro Woche". 38 Prozent der jungen Erwachsenen (18 bis 25 Jahre) trinken regelmäßig – normalerweise auf Partys.

1. Am beth mae'r testun yn sôn?
2. At beth mae'r ffigur 96% yn cyfeirio?
3. At beth mae'r ffigur 31% yn cyfeirio?
4. Sut mae'r gair 'yn rheolaidd' yn cael ei ddiffinio yn yr erthygl?

Mae Cwestiwn 1 yn fath newydd o gwestiwn y gallwch chi ddisgwyl ei weld yn eich arholiadau gwrando a darllen. Ceisiwch adnabod rhai geiriau allweddol (rydyn ni wedi rhoi rhai mewn print trwm yn yr erthygl hon i'ch helpu chi – yn anffodus fydd hynny ddim yn digwydd yn yr arholiad go iawn!). Gwnewch yn siŵr eich bod chi'n darllen y testun cyfan cyn ateb y cwestiwn. Peidiwch â gadael i rai geiriau allweddol yn y testun dynnu eich sylw – e.e. Zeitungen, Partys.

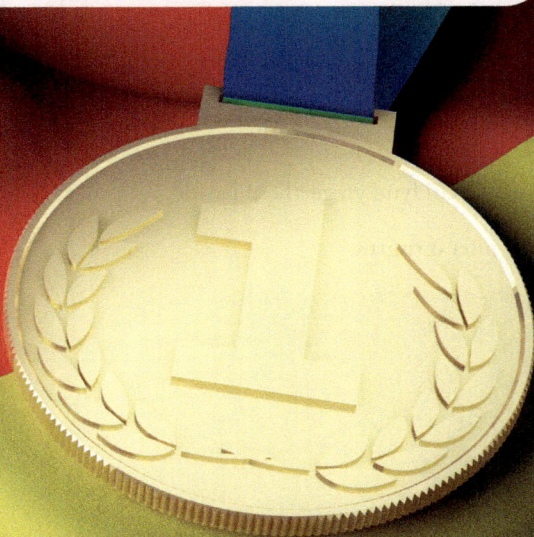

IECHYD A FFITRWYDD

Ich sollte mehr Wasser trinken.	Dylwn i yfed mwy o ddŵr.
Ich werde nie rauchen.	Dydw i byth yn mynd i ysmygu.
Ich werde mehr Obst und Gemüse essen.	Rwy'n mynd i fwyta mwy o ffrwythau a llysiau.
Ich möchte weniger Süßigkeiten essen.	Hoffwn i fwyta llai o losin/o dda-da.
Ich möchte fit sein.	Hoffwn i fod yn heini.
Wenn ich mehr Geld hätte, würde ich Bioprodukte kaufen.	Pe bai gen i fwy o arian, byddwn i'n prynu cynnyrch organig.
Ich sollte früher ins Bett gehen.	Dylwn i fynd i'r gwely'n gynt.
Als ich jünger war, habe ich oft Fast Food gegessen.	Pan oeddwn i'n iau, roeddwn i'n bwyta bwyd cyflym yn aml.
Man sollte fünf Portionen Obst und Gemüse am Tag essen.	Dylech chi fwyta pum dogn (portions) o ffrwythau a llysiau bob dydd.
Ich esse selten Frühstück.	Yn anaml rwy'n bwyta brecwast.
Eine ausgewogene Ernährung ist wichtig.	Mae deiet cytbwys yn bwysig.
Ich treibe zwei- bis dreimal pro Woche Sport.	Rwy'n gwneud chwaraeon ddwy neu dair gwaith yr wythnos.
Ich esse nie zwischen den Mahlzeiten.	Dydw i byth yn bwyta rhwng prydau o fwyd.
Ich habe noch nie Alkohol getrunken.	Dydw i erioed wedi yfed alcohol.
Man sollte nicht zu viel Fett, Zucker oder Salz essen.	Ddylech chi ddim bwyta gormod o fraster, siwgr na halen.
Ich rauche nicht, weil es ungesund ist.	Dydw i ddim yn ysmygu achos mae'n aniach (unhealthy).
Man kann leicht süchtig werden.	Gallwch chi fynd yn gaeth yn hawdd.
Es gibt mehrere Risiken.	Mae nifer o risgiau.

Defnyddio **seit**.

Cofiwch y gall **seit** gael ei ddefnyddio gyda'r amser presennol yn Almaeneg i ddweud pa mor hir rydych chi wedi bod yn gwneud rhywbeth.

- Ich spiele **seit** sechs Jahren Basketball. Rydw i wedi bod yn chwarae pêl-fasged ers chwe blynedd (ac yn dal i wneud!)
- Ich bin **seit** drei Jahren Vegetarier. Rydw i wedi bod yn llysieuwr ers tair blynedd (ac rwy'n dal i fod!)

Yn y chwarae rôl bydd yn rhaid i chi ofyn cwestiwn, defnyddio mwy nag un amser ac ymateb i gwestiwn annisgwyl!

Dyma rai enghreifftiau o'r sbardunau y gallech chi eu gweld:

- Dywedwch beth rydych chi'n ei wneud i gadw'n iach.
- Gofynnwch gwestiwn i'ch ffrind am chwaraeon.
- Rhowch eich barn am fwyta'n iach.
- Dywedwch pa chwaraeon wnaethoch chi ddoe.
- Gofynnwch i'ch ffrind pa fwyd mae ef/hi yn hoffi ei fwyta.
- Dywedwch beth byddwch chi'n ei wneud yr wythnos nesaf i gadw'n iach.

Mae llawer o gwestiynau gwahanol y gallech chi eu gofyn am chwaraeon.

Gallech chi gadw pethau'n gyffredinol – e.e. Treibst du gern Sport? (Wyt ti'n hoffi chwaraeon?) Magst du Fußball? (Wyt ti'n hoffi pêl-droed?)

Neu gallech chi fod yn fwy penodol – e.e. Wann spielst du Tennis? (Pryd rwyt ti'n chwarae tennis?) Mit wem spielst du Basketball? (Gyda phwy rwyt ti'n chwarae pêl-fasged?)

Gwrandewch am eiriau 'sbardun' a allai olygu bod angen i'ch ateb fod mewn amser gwahanol – e.e. ddoe, yr wythnos nesaf.

SG ARHOLIAD

ADLONIANT A HAMDDEN

Was machst du in deiner Freizeit?
Beth rwyt ti'n ei wneud yn dy amser rhydd?

Im Moment habe ich nicht viel Freizeit wegen meiner Prüfungen, aber Schwimmen ist, was ich wirklich liebe. Ich gehe mindestens dreimal pro Woche ins Schwimmbad. Zu Hause sehe ich fern und spiele auf meinem Handy.
Ar hyn o bryd does gen i ddim llawer o amser rhydd oherwydd fy arholiadau, ond nofio yw'r peth rwy'n caru ei wneud. Rwy'n mynd i'r pwll nofio dair gwaith yr wythnos o leiaf. Gartref, rwy'n gwylio'r teledu ac yn chwarae ar fy ffôn symudol.

Sind Hobbys wichtig für junge Leute?
A yw hobïau yn bwysig i bobl ifanc?

Ja, natürlich. Heutzutage haben junge Leute viele Prüfungen, deswegen sind Hobbys sehr wichtig, um sich zu entspannen.
Ydyn, wrth gwrs. Y dyddiau hyn, mae gan bobl ifanc lawer o arholiadau felly mae hobïau yn bwysig iawn er mwyn ymlacio.

Welche Freizeitaktivität möchtest du in der Zukunft machen?
Pa weithgaredd hamdden hoffet ti roi cynnig arno yn y dyfodol?

Ich möchte Snowboard fahren, weil ich es noch nie gemacht habe. Mein Bruder sagt, dass es aufregend ist.
Hoffwn i eirafyrddio oherwydd dydw i erioed wedi rhoi cynnig arno. Dywedodd fy mrawd wrtha i ei fod yn gyffrous.

Was hast du letztes Wochenende gemacht?
Beth wnest ti y penwythnos diwethaf?

> Samstagmorgen habe ich lange geschlafen. Nach dem Mittagessen bin ich in die Stadt gegangen. Samstagabend bin ich mit meinen Freunden ins Kino gegangen. Wir haben eine Komödie gesehen und es war wirklich lustig.
> Bore Sadwrn, cysgais i'n hwyr. Ar ôl cinio es i i'r dref. Nos Sadwrn es i i'r sinema gyda fy ffrindiau. Gwylion ni gomedi ac roedd yn ddoniol iawn.

Siehst du lieber Filme zu Hause oder im Kino? Warum?
A yw'n well gen ti wylio ffilmiau gartref neu yn y sinema? Pam?

> Das Kino ist sehr teuer, deswegen sehe ich lieber Filme zu Hause. Mein Wohnzimmer ist sehr bequem und ich kann essen, was ich will.
> Mae'r sinema yn ddrud iawn felly mae'n well gen i wylio ffilmiau gartref. Mae fy ystafell fyw yn gyfforddus iawn a gallaf fwyta beth bynnag rydw i eisiau.

Ceisiwch ddatblygu eich atebion cymaint â phosibl drwy ychwanegu manylion lle gallwch chi – e.e. Ich gehe ins Kino …

- Ychwanegwch gyda phwy – Ich gehe **mit meinen Freunden** ins Kino.
- Ychwanegwch ymadrodd amser – Ich gehe **am Samstag** mit meinen Freunden ins Kino.
- Ychwanegwch farn – Ich gehe am Samstag mit meinen Freunden ins Kino. **Es ist prima.**
- Ychwanegwch reswm – Ich gehe am Samstag mit meinen Freunden ins Kino. Es ist prima, **weil das Kino modern ist.**
- Ychwanegwch amser gwahanol – Ich gehe am Samstag mit meinen Freunden ins Kino. Es ist prima, weil das Kino modern ist. **Letzten Samstag habe ich eine Komödie gesehen.**

Cysylltwch yr enw â'r gosodiad.

Andreas: Ich bin ein Fan von FIFA und meine Eltern kaufen mir das Spiel jedes Jahr zu meinem Geburtstag. Dann beschweren sie sich immer, dass ich zu viel Zeit mit Spielen verbringe!

Nina: Computerspiele? Ja, ich bin süchtig. Ich spiele lieber mit meinen Freunden, weil ich nicht gern allein spiele. Wir diskutieren gemeinsam, während wir spielen.

Timo: Ich spiele, um mich zu entspannen. Ich spiele mit meinem Bruder und ich gewinne oft. Ich spiele nachts, obwohl meine Eltern glauben, dass ich schlafe.

Pwy yn eich barn chi fyddai'n dweud y pethau canlynol? Andreas, Nina neu Timo?

1. Rwy'n chwarae i ymlacio.
2. Rwy'n gaeth i gemau.
3. Rwy'n chwarae gyda fy ffrindiau.
4. Mae fy rhieni yn cwyno drwy'r amser.
5. Rwy'n ei chwarae yn ystod y nos.

Byddwch yn ofalus gyda gosodiad 4 gan fod Andreas a Timo yn sôn am eu rhieni!

ADLONIANT A HAMDDEN

Es ist wichtig, Hobbys zu haben.	Mae'n bwysig cael hobïau.
Meiner Meinung nach ist das Leben besser, wenn man viele Freizeitaktivitäten hat.	Yn fy marn i, mae bywyd yn well pan fydd gennych lawer o weithgareddau hamdden.
Letztes Jahr hatte ich mehr Freizeit.	Y llynedd, roedd gen i fwy o amser rhydd.
Wenn ich keine Hausaufgaben habe, gehe ich gern mit Freunden aus.	Pan nad oes gen i waith cartref, rwy'n hoffi mynd allan gyda fy ffrindiau.
In meiner Freizeit spiele ich Fußball, weil es meine Leidenschaft ist.	Yn ystod fy amser rhydd, rwy'n chwarae pêl-droed oherwydd dyna fy niddordeb mawr.
Ich spiele gern am Computer, weil es mich entspannt.	Rwy'n hoffi chwarae ar y cyfrifiadur achos mae'n gwneud i mi ymlacio.
Als ich jünger war, habe ich Gitarre gespielt, aber jetzt habe ich nicht genug Zeit.	Pan oeddwn i'n iau, roeddwn i'n chwarae'r gitâr ond nawr does dim digon o amser gen i.
Wenn ich keine Schularbeit habe, spiele ich Computerspiele, um mich zu entspannen.	Os nad oes gen i unrhyw waith ysgol, rwy'n chwarae gemau cyfrifiadur i ymlacio.
Nach meinen Prüfungen möchte ich viele neue Aktivitäten ausprobieren.	Ar ôl fy arholiadau, hoffwn i roi cynnig ar lawer o weithgareddau newydd.
Hobbys sind eine gute Chance, neue Freunde kennenzulernen.	Mae hobïau yn gyfle da i wneud ffrindiau newydd.
Ich höre gern Ed Sheeran, weil er eine gute Stimme hat.	Rwy'n hoffi gwrando ar Ed Sheeran gan fod ganddo lais da.
Es gibt nicht genug Konzerte in meiner Stadt.	Does dim digon o gyngherddau yn fy nhref i.

Ychwanegu manylion

Ceisiwch gynnwys rhagor o fanylion yn eich brawddegau drwy ddefnyddio ymadroddion amser ac adferfau amser a lle:

immer – bob amser

manchmal – weithiau

ab und zu – nawr ac yn y man

selten – yn anaml

letzte Woche – yr wythnos diwethaf

nächste Woche – yr wythnos nesaf

jeden Tag – bob dydd

am Freitag – dydd Gwener

freitags – ar ddydd Gwener (bob dydd Gwener)

abends – gyda'r nos

Cyfieithwch y brawddegau hyn i'r Almaeneg:

TASG ARHOLIAD

1. Yr wythnos diwethaf, es i i siopa yn y dref.
2. Y penwythnos nesaf byddaf i'n mynd i'r sinema gyda fy nheulu.
3. Beth yw dy hoff raglen deledu?
4. Dydw i ddim yn gallu mynd allan yfory gan fod gen i lawer o waith cartref.

Cofiwch:

- Peidiwch â chyfieithu air am air.
- Peidiwch â gadael unrhyw fylchau.
- Cadwch olwg am amserau gwahanol.
- Byddwch yn ofalus gyda'r negyddol.

HUNANIAETH A DIWYLLIANT

ARFERION A THRADDODIADAU

Mae is-thema **Arferion a Thraddodiadau** yn cael ei rhannu yn ddwy ran. Dyma rai awgrymiadau am bynciau i'w hadolygu:

BWYD A DIOD

- bwyd a diod parti
- bwyd arbennig yr ardal
- arferion bwyta
- traddodiadau diwylliannol
- bwyd a diod ar gyfer achlysuron arbennig
- bwyta allan

GWYLIAU A DATHLIADAU

- dyddiau gŵyl blynyddol a gwyliau
- penblwyddi
- digwyddiadau cenedlaethol
- digwyddiadau rhanbarthol
- gwyliau cerdd
- dathlu achlysuron teuluol

COFIWCH:

- Rhaid i chi ddefnyddio amrywiaeth o amserau yn eich Almaeneg ysgrifenedig a llafar.
- Defnyddiwch eich tablau berfau i'ch helpu wrth gynllunio eich gwaith.
- Cofiwch ddefnyddio ffurf gywir y ferf – mae'r ffurf hon yn dweud wrth yr arholwr am bwy mae'r frawddeg yn sôn. Mae angen i chi ddefnyddio ich i siarad amdanoch chi eich hun, ond mae angen i chi ddysgu ffurfiau berfol eraill hefyd er mwyn i chi allu siarad am bobl eraill.
- Ceisiwch gynnwys mwy o fanylion drwy ychwanegu ymadroddion amser os oes modd – e.e. heute (heddiw), jeden Tag (bob dydd), diese Woche (yr wythnos hon), normalerweise (fel arfer), gestern Abend (neithiwr), letzte Woche (yr wythnos diwethaf), vor zwei Monaten (ddau fis yn ôl), nächstes Jahr (y flwyddyn nesaf), in der Zukunft (yn y dyfodol).

BWYD A DIOD

Kochst du gern? Warum (nicht)?
Wyt ti'n hoffi coginio? Pam (ddim)?

Als ich jünger war, habe ich gern Kuchen mit meinem Vater gebacken. Jetzt mache ich nur Butterbrote. Ich sehe gern Kochsendungen im Fernsehen, aber ich habe nicht genug Zeit, um zu kochen.
Pan oeddwn i'n iau, roeddwn i'n hoffi gwneud cacennau gyda fy nhad. Nawr, dim ond brechdanau rwy'n eu gwneud! Rwy'n hoffi gwylio rhaglenni coginio ar y teledu ond does gen i ddim digon o amser i goginio.

Wann bist du zum letzten Mal in ein Restaurant gegangen?
Pryd est ti i fwyty ddiwethaf?

Ich bin letztes Wochenende mit meiner Familie in ein italienisches Restaurant gegangen. Ich habe Pizza mit Hähnchen gegessen, und als Nachtisch hatte ich Erdbeereis. Das Essen war lecker und ich möchte wieder dort essen.
Es i i fwyty Eidalaidd gyda fy nheulu y penwythnos diwethaf. Bwytais i pizza gyda chyw iâr, ac i bwdin ces i hufen iâ mefus. Roedd y bwyd yn flasus iawn a hoffwn i fwyta yno eto.

Ist es wichtig, regionale Gerichte im Urlaub zu essen? Warum (nicht)?
A yw hi'n bwysig bwyta prydau o'r ardal ar wyliau? Pam (ddim)?

Nach meiner Ansicht sollten Touristen die lokale Kultur respektieren. Ich glaube, dass es nötig ist, traditionelle Gerichte zu probieren. Außerdem sind Touristen-Restaurants oft sehr teuer.
Yn fy marn i, dylai twristiaid barchu diwylliant yr ardal. Rwy'n meddwl ei bod yn hanfodol trio prydau traddodiadol. Yn ogystal, mae bwytai ar gyfer twristiaid yn aml yn ddrud iawn.

Was wäre deine ideale Mahlzeit?
Beth fyddai dy bryd o fwyd delfrydol?

Ich würde in einem Restaurant am Strand in der Karibik essen. Ich würde regionale Gerichte probieren und alkoholfreie Cocktails trinken.
Byddwn i'n bwyta mewn bwyty ar y traeth yn y Caribî. Byddwn i'n trio'r danteithion lleol a byddwn i'n yfed coctels dialcohol.

Wie findest du Fertiggerichte?

Beth yw dy farn di am brydau parod?

Ich esse ab und zu Fertiggerichte, zum Beispiel Tiefkühlpizza, weil ich nicht gern koche. Ich finde Fertiggerichte schnell und praktisch, aber ich esse lieber hausgemachte Mahlzeiten. Rwy'n bwyta prydau parod o dro i dro, er enghraifft pizzas wedi'u rhewi, oherwydd dydw i ddim yn hoffi coginio. Rwy'n meddwl bod prydau parod yn gyflym ac yn ymarferol ond mae'n well gen i fwyta prydau wedi'u coginio gartref.

Efallai y bydd yn rhaid i chi ysgrifennu neu siarad am y math o fwyd a diod rydych chi fel arfer yn eu cael mewn dathliad — e.e. parti pen-blwydd. Dangoswch i'r arholwr eich bod chi wir eisiau llwyddo drwy ddefnyddio amserau gwahanol a defnyddiwch rai cryfhawyr i wella eich gwaith.

RAMADEG

Cryfhawyr

Mae'n bwysig rhoi safbwyntiau amrywiol yn eich tasgau siarad ac ysgrifennu. Ceisiwch ddefnyddio amrywiaeth o ansoddeiriau fel nad yw popeth yn gut neu'n interessant a defnyddiwch gryfhawyr gydag ansoddeiriau i ychwanegu pwyslais:

sehr – iawn
zu – rhy
viel – llawer
ganz/ziemlich – eithaf, yn hollol
ein wenig – ychydig
wirklich – yn wir
ein bisschen – ychydig
einfach – yn syml
gar nicht/überhaupt nicht – ddim o gwbl

TASG ARHOLIAD

Atebwch y cwestiynau am y testun llenyddol hwn yn Gymraeg.

Deutschland liegt in der Mitte des modernen Europas – das merkt man auch an unseren Lieblingsgerichten. Heute essen wir genauso gern Pizza und Pasta, Döner und Gyros wie traditionelle Rinderrouladen und Sauerkraut. Zuwanderer aus südlichen und östlichen Ländern brachten über viele Jahre Familienrezepte und Essgewohnheiten mit.

Kochen ist am besten mit einer Familie, die zusammen kocht und isst. Früher haben Kinder das Kochen einfach durch Zuschauen zu Hause gelernt, heute brauchen wir Kochschulen. Ich würde das gern ändern.

Grundregeln:

- Zeit ist die wichtigste Zutat.
- Salz und Zucker gehören immer zusammen.

1. Sut mae'r Almaen yn cael ei disgrifio yn y llinell gyntaf?
2. O ble mae pobl wedi dod i fyw yn yr Almaen?
3. Sut byddai'n hoffi gweld y llyfr yn cael ei ddefnyddio?
4. Beth mae'n ei ddweud yw'r cynhwysyn pwysicaf?

Bydd dau ddarn wedi'u cymryd o destunau llenyddol yn eich arholiad darllen. Meddyliwch amdanyn nhw yn union fel unrhyw dasg darllen a deall arall. Peidiwch â phoeni os nad ydych chi'n deall pob un gair.

BWYD A DIOD

Kochen ist nicht mein Ding.	Dydy coginio ddim o ddiddordeb i mi.
Wenn ich Zeit hätte, würde ich öfter kochen.	Pe bai'r amser gen i, byddwn i'n coginio'n amlach.
Heutzutage haben wir oft nicht genug Zeit oder Energie, um Essen von Grund auf zu kochen.	Y dyddiau hyn, yn aml does gennym ni ddim yr amser na'r egni i goginio pryd o fwyd o'r dechrau.
Fertiggerichte sind kalorienreich und enthalten zu viel Zucker und Salz.	Mae llawer o galorïau mewn prydau parod ac maen nhw'n cynnwys gormod o siwgr a halen.
Mein Lieblingsessen ist Hähnchen mit Pommes.	Fy hoff bryd o fwyd yw cyw iâr a sglodion.
Jedes Land bietet kulinarische Spezialitäten.	Mae gan bob gwlad ei phrydau bwyd arbennig.
Eine „handyfreie Zeit" beim Essen ist eine gute Idee.	Mae 'gwahardd' ffonau symudol wrth fwyta yn syniad da.
Ich probiere gern Essen aus verschiedenen Ländern.	Rwy'n hoffi trio bwyd o wahanol wledydd.
Ich esse fast alles, aber ich kann Pilze nicht leiden.	Rwy'n bwyta popeth bron, ond dydw i ddim yn gallu dioddef madarch.
Nach meiner Ansicht ist es altmodisch, zusammen als Familie zu essen.	Yn fy marn i, mae bwyta gyda'ch gilydd fel teulu yn hen ffasiwn.
Eine gemeinsame Mahlzeit schafft Zeit für Gespräche.	Mae rhannu pryd o fwyd yn creu amser i sgwrsio.
Mein Bruder hat viele Allergien.	Mae gan fy mrawd lawer o alergeddau.
Ich sehe gern Kochsendungen wie Masterchef.	Rwy'n mwynhau gwylio rhaglenni coginio fel *Masterchef*.
Ich würde sehr gern in einem Restaurant mit Michelin-Stern essen.	Byddwn i wir yn hoffi bwyta mewn bwyty seren Michelin.

Schreiben Sie einen Artikel für eine Webseite. Sie müssen Informationen zu folgenden Themen schreiben:

- wie das Restaurant war
- was Sie gegessen und getrunken haben
- wie Sie es gefunden haben und warum

Schreiben Sie ungefähr 100 Wörter auf Deutsch.

Cofiwch:

- Ceisiwch lynu'n agos wrth nifer y geiriau sy'n cael eu hargymell yn yr arholiad.
- Fyddwch chi ddim ar eich ennill o ysgrifennu mwy na'r nifer o eiriau sy'n cael eu hargymell – yn wir gall eich gwaith fynd yn llai cywir a gallech chi fynd yn brin o amser ar gyfer cwestiynau eraill.
- Rhannwch eich amser yn gyfartal rhwng y tri phwynt bwled.
- Gwnewch gynllun bras cyn dechrau ysgrifennu.
- Gadewch ddigon o amser i wirio eich gwaith neu gallech chi golli marciau oherwydd diffyg cywirdeb.

Rhagenwau perthynol

- Mae rhagenwau perthynol yn cael eu defnyddio i gyfeirio at enw sydd yn rhan flaenorol y frawddeg. Yn Gymraeg mae'r geiriau **sydd** neu **y** yn cael eu defnyddio fel arfer.
- Yn Almaeneg, mae rhagenwau perthynol yn anfon y ferf i ddiwedd y frawddeg. Mae'r rhagenw y mae angen i chi ei ddefnyddio yn dibynnu ar genedl yr enw rydych chi'n cyfeirio'n ôl ato:

  - der – Der Tisch, der in der Ecke ist, ist viel zu klein. Mae'r bwrdd, sydd yn y gornel, yn llawer rhy fach.
  - die – Die Bäckerei, die in der Stadt ist, ist toll! Mae'r becws, sydd yn y dref, yn wych!
  - das – Mein Lieblingsrestaurant, das Nandos heißt, ist in der Stadtmitte. Mae fy hoff fwyty, o'r enw Nandos, yng nghanol y dref.

- Gall **was** a **wo** gael eu defnyddio fel rhagenwau perthynol hefyd.
- Cofiwch fod y ferf yn yr is-gymal yn mynd i ddiwedd y frawddeg:

  - Ich weiß nicht, was ich kochen **werde**. Dydw i ddim yn gwybod beth byddaf i'n ei goginio.
  - Ich reise gerne nach Polen, wo man leckere Kuchen kaufen **kann**. Rwy'n hoffi ymweld â Gwlad Pwyl, lle rydych chi'n gallu prynu cacennau blasus.

GWYLIAU A DATHLIADAU

Was ist dein Lieblingsfest? Warum?
Beth yw dy hoff ŵyl? Pam?

Mein Lieblingsfest ist Silvester, weil man die ganze Nacht aufbleiben kann. Letztes Jahr um Mitternacht haben wir die Feuerwerke gesehen. Es hat mir wirklich gut gefallen.
Fy hoff ŵyl yw nos Galan achos rydych chi'n gallu aros i fyny drwy'r nos. Y llynedd, fe wylion ni'r tân gwyllt am hanner nos. Fe wnes i ei fwynhau'n fawr iawn.

Was hast du letztes Jahr an Halloween gemacht?
Beth wnest ti y llynedd ar gyfer Calan Gaeaf?

Ich habe mich als Geist verkleidet und mein Bruder hatte Angst. Es war sehr lustig!
Gwisgais i fel ysbryd ac fe gafodd fy mrawd ofn. Roedd hynny'n ddoniol iawn!

Wie findest du traditionelle Feste?
Beth yw dy farn am wyliau traddodiadol?

Ich finde diese traditionellen Feste sehr wichtig, weil wir Zeit mit der Familie verbringen. Es gibt oft leckeres Essen.
Rwy'n meddwl bod y gwyliau traddodiadol hyn yn bwysig oherwydd rydyn ni'n treulio amser gyda'r teulu. Yn aml, mae bwyd blasus ar gael.

Was wirst du an deinem nächsten Geburtstag machen?
Beth byddi di'n ei wneud i ddathlu dy ben-blwydd nesaf?

Ich werde mit meinen besten Freunden und meiner Familie feiern. Meine Mutter wird einen Geburtstagskuchen für mich backen und meine Schwester wird eine Party organisieren. Ich freue mich schon darauf.
Byddaf i'n dathlu fy mhen-blwydd gyda fy ffrindiau gorau a'm teulu. Bydd fy mam yn gwneud cacen ben-blwydd i mi a bydd fy chwaer yn trefnu parti. Rwy'n edrych ymlaen ato yn barod.

Gibt es ein Fest, das du besuchen möchtest?
Oes gŵyl yr hoffet ti fynd iddi?

Ich bin nie bei einem Musikfest gewesen. Nach meinen Prüfungen möchte ich mit meinen Freunden zum Musikfest gehen. Wir werden zelten und unsere Lieblingsgruppen sehen.
Dydw i erioed wedi bod mewn gŵyl gerdd. Ar ôl fy arholiadau, hoffwn i fynd i ŵyl gyda fy ffrindiau. Byddwn ni'n mynd i wersylla ac fe welwn ni ein hoff grwpiau.

RAMADEG

Berfau moddol

Wrth ddefnyddio berfau moddol i sôn am ddigwyddiadau yn y gorffennol, fel arfer mae angen i chi ddefnyddio'r amser amherffaith.

Dyma'r ffurfiau ich:

ich konnte – gallwn i
ich durfte – roeddwn i'n cael
ich sollte – roeddwn i fod i
ich musste – roedd yn rhaid i mi
ich wollte – roeddwn i eisiau

- **Ich durfte** zum Musikfest gehen. Roeddwn i'n cael mynd i'r ŵyl gerdd.
- **Ich musste** viel Geld mitnehmen. Roedd yn rhaid i mi fynd â llawer o arian.
- **Ich wollte** meine Lieblingsgruppe sehen. Roeddwn i eisiau gweld fy hoff grŵp.

Cyfieithwch y paragraff canlynol i'r Gymraeg:

TASG ARHOLIAD

Ich war letzte Woche bei einem Musikfest in München. Es hat viel Spaß gemacht, weil ich mit meinen Freunden da war. Wir haben stundenlang getanzt und neue Freunde aus ganz Deutschland kennengelernt. Die Musik war klasse und ich habe ein T-Shirt als Souvenir gekauft. Jetzt verstehe ich, warum Musikfeste so beliebt sind.

Y cyfieithiad i'r Gymraeg yw'r cwestiwn olaf yn yr arholiad darllen ac mae'n werth 6 marc – dim ond 2.5% o'r TGAU cyfan yw hyn, felly peidiwch â threulio mwy o amser arno nag y byddech chi ar unrhyw gwestiwn arall ar y papur darllen.

GWYLIAU A DATHLIADAU

Normalerweise feiere ich meinen Geburtstag mit meinen Freunden.	Fel arfer, rwy'n dathlu fy mhen-blwydd gyda fy ffrindiau.
Meine Oma kocht immer etwas Traditionelles.	Mae fy mam-gu/nain bob amser yn coginio rhywbeth traddodiadol.
Nach dem Essen bekomme ich meine Geschenke.	Ar ôl y pryd o fwyd, rwy'n cael fy anrhegion.
Ich hatte Glück, weil ich viele Geschenke bekommen habe.	Roeddwn i'n lwcus achos fe ges i lawer o anrhegion.
Wir hatten eine große Party und es gab Feuerwerke.	Cawson ni barti mawr ac roedd tân gwyllt.
Jedes Jahr schicke ich viele Weihnachtskarten.	Bob blwyddyn rwy'n anfon llawer o gardiau Nadolig.
Wir haben viel gegessen.	Bwyton ni lawer.
Das Festival wurde 1986 gegründet.	Cafodd yr ŵyl ei sefydlu yn 1986.
Andererseits sind viele Festivals zu kommerzialisiert geworden.	Ar y llaw arall, mae llawer o wyliau wedi mynd yn rhy fasnachol.
Traditionen sind nicht sehr wichtig.	Nid yw traddodiadau yn bwysig iawn.
Man kann viele verschiedene Bands günstig sehen.	Gallwch chi weld llawer o fandiau am bris rhesymol.
Es gibt eine tolle Stimmung.	Mae yna awyrgylch gwych.
Oft wird zu viel Alkohol getrunken und das verursacht Probleme.	Mae gormod o alcohol yn cael ei yfed yn aml ac mae hynny'n achosi problemau.
Es gibt viel Abfall und das ist schlecht für die Umwelt.	Mae llawer o sbwriel ac mae hynny'n ddrwg i'r amgylchedd.

Mae ateb cwestiynau sgwrsio ar bob pwnc yn ysgrifenedig yn ffordd dda o adolygu ar gyfer eich arholiad ysgrifennu.

Defnyddiwch ac addaswch yr ymadroddion defnyddiol ar dudalen 46 i'ch helpu i ateb y canlynol. Cofiwch ddefnyddio amrywiaeth o amserau a chynnwys mwy nag un darn o wybodaeth os oes modd. Allwch chi gyfiawnhau eich safbwyntiau?

TASG ARHOLIAD

- Feierst du lieber mit Familie oder Freunden? Warum? A yw'n well gen ti ddathlu gyda'r teulu neu gyda ffrindiau? Pam?
- Geburtstagspartys sind teuer. Was sagst du dazu? Mae partïon pen-blwydd yn ddrud. Beth yw dy farn di?
- Beschreibe deine Lieblingsparty. Disgrifia dy hoff barti pen-blwydd.
- Wie wäre deine Traumparty? Sut beth fyddai dy barti delfrydol?
- Sind Traditionen wichtig? Warum (nicht)? Ydy traddodiadau yn bwysig? Pam (ddim)?
- Magst du Musikfeste? Warum (nicht)? Wyt ti'n hoffi gwyliau cerdd? Pam (ddim)?
- Was ist dein Lieblingsfest? Warum? Beth yw dy hoff ŵyl? Pam?
- Bist du zu einem Konzert gegangen? Wyt ti wedi bod i gyngerdd?

GRAMADEG

Cwrdd/cyfarfod

Gallwch chi gyfieithu'r ferf 'cwrdd/cyfarfod' mewn mwy nag un ffordd:

- treffen – cwrdd/cyfarfod (â rhywun) – e.e. **Ich treffe meinen Freund im Restaurant.**
- kennenlernen – cwrdd/cyfarfod (dod i adnabod) – e.e. **Ich lerne gern neue Leute kennen.**

CYMRU A'R BYD – MEYSYDD O DDIDDORDEB

Y CARTREF A'R ARDAL LEOL

Mae is-thema **Y Cartref a'r Ardal Leol** yn cael ei rhannu yn ddwy ran. Dyma rai awgrymiadau am bynciau i'w hadolygu:

ARDALOEDD LLEOL O DDIDDORDEB

- cyfleusterau a mwynderau *(amenities)* lleol
- atyniadau i dwristiaid
- nodweddion daearyddol
- tywydd a hinsawdd
- manteision ac anfanteision lle rydych chi'n byw
- eich ardal leol yn y gorffennol

TEITHIO A THRAFNIDIAETH

- gwahanol fathau o drafnidiaeth
- manteision ac anfanteision mathau o drafnidiaeth
- gwahanol fathau o deithiau
- cysylltiadau trafnidiaeth
- prynu tocynnau ac archebu taith
- problemau trafnidiaeth – e.e. oedi, streiciau, etc.

YSGRIFENNU LLYTHYR FFURFIOL

1. Rhowch eich enw a'ch cyfeiriad i'r chwith ar frig y dudalen a'r enw a'r cyfeiriad rydych chi'n ysgrifennu ato i'r dde ar y brig, ac yna'r dyddiad odano.
2. Defnyddiwch gyfarchiad agoriadol priodol:
   Sehr geehrter Herr Braun – Annwyl Mr Braun
   Sehr geehrte Frau Schulz – Annwyl Mrs Schulz
   Sehr geehrte Damen und Herren – Annwyl Syr neu Fadam
3. Defnyddiwch Sie drwy gydol y llythyr.
4. Gorffennwch eich llythyr yn ffurfiol – e.e. Mit freundlichen Grüßen.

YSGRIFENNU LLYTHYR/E-BOST ANFFURFIOL

Does dim rheolau pendant wrth ysgrifennu llythyr neu e-bost at ffrind. Gallech chi ddechrau â:

   Liebe Julia – Annwyl Julia
   Lieber Stefan – Annwyl Stefan

Sylwch ar y terfyniadau gwahanol yn dibynnu ar rywedd y person rydych chi'n ysgrifennu ato/ati.
   I gloi, gallech chi ddefnyddio:

   Bis bald – Hwyl am y tro
   Tschüss – Hwyl
   Mit freundlichen Grüßen – Yn gywir

ARDALOEDD LLEOL O DDIDDORDEB

Wie findest du deine Gegend?
Beth yw dy farn di am dy ardal?

Meine Stadt ist sehr dreckig. Es gibt viel Verschmutzung durch Autos und Industrie. Ich würde lieber an der Küste wohnen.
Mae fy nhref yn frwnt/budr iawn. Mae gormod o lygredd o ganlyniad i geir a diwydiant. Byddai'n well gen i fyw ar lan y môr.

Was gibt es für junge Leute in deiner Gegend?
Beth sydd ar gael i bobl ifanc yn dy ardal?

Es gibt nicht viel zu tun für junge Leute. Es gibt einige Geschäfte und ein Kino und das ist alles. Ich möchte ein Schwimmbad oder Tennisplätze haben.
Does dim llawer i'w wneud ar gyfer pobl ifanc. Mae rhai siopau a sinema, a dyna ni. Byddwn i'n hoffi cael pwll nofio neu gyrtiau tennis.

Was wirst du dieses Wochenende in deiner Gegend machen?
Beth rwyt ti'n mynd i'w wneud yn dy ardal y penwythnos yma?

Ich werde meine Freunde in der Stadtmitte treffen und wir werden ins Kino gehen. Leider hat meine Stadt nicht viele Attraktionen und ist ziemlich langweilig für junge Leute.
Rwy'n mynd i gwrdd â'm ffrindiau yng nghanol y dref a byddwn ni'n mynd i'r sinema. Yn anffodus, does dim llawer o atyniadau gan fy nhref ac mae'n eithaf diflas i bobl ifanc.

Wie war deine Gegend in der Vergangenheit?
Pa fath o le oedd dy ardal yn y gorffennol?

Vor Jahren war meine Stadt viel kleiner. Meine Großeltern haben mir erzählt, dass es viele Parks gab. Die Stadt war sehr ruhig. Heutzutage ist die Stadt sehr industriell und als Folge davon ist sie verschmutzt.
Flynyddoedd yn ôl, roedd fy nhref yn llawer llai. Dywedodd mam-gu a tad-cu/ nain a taid wrtha i fod llawer o barciau. Roedd y dref yn dawel iawn. Y dyddiau hyn, mae'r dref yn ddiwydiannol iawn ac o ganlyniad mae'n llawn llygredd.

Wie würdest du deine Gegend verbessern?
Sut byddet ti'n gwella dy ardal?

Ich würde viele Verbesserungen in meiner Stadt machen, wenn ich könnte, weil es am Wochenende nichts zu tun gibt. Meiner Meinung nach brauchen wir ein neues Einkaufszentrum. Byddwn i'n gwneud llawer o welliannau yn fy nhref, pe gallwn, oherwydd does dim byd i'w wneud yn ystod y penwythnos. Yn fy marn i, mae angen canolfan siopa newydd arnon ni.

Does dim gwahaniaeth a ydych chi'n byw mewn dinas enfawr, fywiog neu mewn pentref bach filltiroedd o bob man. Gallwch chi ffugio ffeithiau os oes angen – does neb yn mynd i ddod i weld a yw'r hyn rydych chi wedi'i ddweud neu wedi'i ysgrifennu yn wir! Yn ogystal â gallu disgrifio eich ardal leol, mae angen i chi gynnig safbwyntiau a thrafod manteision ac anfanteision.

Cynlluniau ar gyfer y dyfodol

- Yn syml gallwch chi ddefnyddio Ich möchte a berfenw ar ddiwedd y frawddeg i ddweud beth hoffech chi ei wneud – e.e. Ich möchte im Ausland wohnen. Hoffwn i fyw dramor.
- Neu gallwch chi ddefnyddio'r amser amodol i ddweud beth byddech chi'n ei wneud – e.e. Ich würde mehr Häuser bauen (, um meine Stadt zu verbessern). Byddwn i'n adeiladu mwy o dai (i wella fy nhref).
- Defnyddiwch ffurf gywir würden a berfenw ar ddiwedd y frawddeg.
- Wrth ddefnyddio'r amodol gyda haben a sein, byddwch chi fel arfer yn defnyddio hätte a wäre:

  Wenn ich reich **wäre**, würde ich ein modernes Haus kaufen. Pe bawn i'n gyfoethog, byddwn i'n prynu tŷ newydd.
  Wenn ich mehr Geld **hätte**, würde ich umziehen. Pe bai gen i fwy o arian, byddwn i'n symud.

Lies diese Werbungen.

A

Freizeitzentrum

Café und Bar

Vier Tennisplätze

Fußballfeld

Hallenbad

Turnhalle

Öffnungszeiten: 07h00–21h00 täglich

B

Stadtpark

Teestube

Kinderpark

Hunde erlaubt

Freier Eintritt

Freibad

Öffnungszeiten: 09h00–16h00 täglich
(außer Dienstag)

Wähle die Attraktion, wo man ...

1. jeden Tag besuchen kann.
2. schwimmen und trainieren kann.
3. ohne Geld besuchen kann.
4. im Freien schwimmen kann.
5. sechs Tage pro Woche besuchen kann.

Byddwch yn ofalus â'r math cyffredin hwn o gwestiwn. Mae cliwiau ffug yn fwy anodd eu gweld yn Almaeneg! Chwiliwch am eiriau gwahanol sydd â'r un ystyr – e.e. am ddim = heb arian, bob dydd = dyddiol.

Ich wohne in einer großen Stadt in Wales.	Rwy'n byw mewn tref fawr yng Nghymru.
Diese Gegend hat Vor- und Nachteile. Zum Beispiel …	Mae gan yr ardal hon fanteision ac anfanteision. Er enghraifft …
Meine Stadt ist lebhaft mit hervorragenden öffentlichen Verkehrsmitteln.	Mae fy nhref yn fywiog â thrafnidiaeth gyhoeddus ardderchog.
Ich würde einen Besuch im Frühling empfehlen, weil das Wetter schön ist.	Byddwn i'n argymell ymweliad yn y gwanwyn achos mae'r tywydd yn braf.
Meine Stadt ist berühmt für ihre Fußballmannschaft.	Mae fy nhref yn enwog am ei thîm pêl-droed.
Touristen könnten die Kathedrale und das Museum besuchen.	Gallai twristiaid ymweld â'r eglwys gadeiriol a'r amgueddfa.
Meine Stadt hat sich sehr verbessert.	Mae fy nhref wedi gwella llawer.
Viele Häuser werden gebaut.	Mae llawer o dai yn cael eu hadeiladu.
Wenn ich Bürgermeister/Bürgermeisterin wäre, würde ich die Reiseverbindungen verbessern.	Pe bawn i'n faer, byddwn i'n gwella'r cysylltiadau teithio.
Wenn ich die Wahl hätte, würde ich auf dem Land wohnen.	Pe bai gen i'r dewis, byddwn i'n byw yn y wlad.
Um meine Gegend zu verbessern, würde ich mehr Attraktionen für Touristen bauen.	I wella fy ardal, byddwn i'n adeiladu mwy o atyniadau i dwristiaid.
Mein Bruder hätte gern einen Freizeitpark in der Nähe.	Byddai fy mrawd yn hoffi parc hamdden gerllaw.
Ich glaube, dass es nicht genug für junge Leute gibt.	Rwy'n meddwl nad oes yna ddigon i bobl ifanc.
Samstagsabends gibt es Gewalt in der Stadtmitte und es gibt immer mehr Kriminalität.	Ar nosweithiau Sadwrn mae trais yng nghanol y dref ac mae mwy a mwy o droseddu.
Die Kunstgalerie ist eine Reise wert.	Mae'n werth ymweld â'r oriel gelf.

Dyma rai ymadroddion defnyddiol ar gyfer disgrifio eich ardal:

es ist – mae'n

es war – roedd ef/hi yn

es gibt – mae (yna)

es gab – roedd (yna)

es hat – mae ganddo/ganddi

es hatte – roedd ganddo/ganddi

Amser perffaith

Mae'n bosibl y bydd angen i chi siarad am yr hyn roeddech chi'n arfer ei wneud yn eich ardal neu sut ardal oedd hi. Mae'r amser perffaith yn cael ei ddefnyddio i sôn am bethau a ddigwyddodd yn y gorffennol. Dyma'r ffordd fwyaf cyffredin o sôn am y gorffennol yn Almaeneg.

I ffurfio'r amser perffaith, mae angen:

- Ffurf gywir haben neu sein.
- Rhangymeriad gorffennol.

Mae rhai rhangymeriadau yn rheolaidd (e.e. gespielt, gewohnt) ac eraill yn afreolaidd (e.e. gegangen, gesehen):

- Ich habe im Park **gespielt**.
- Er hat in der Stadtmitte **gewohnt**.

Cofiwch fod rhai berfau yn defnyddio sein yn lle haben – e.e. Ich **bin** ins Kino gegangen.

Cyfieithwch y paragraff canlynol i'r Almaeneg:

Rwy'n hoffi byw yn fy mhentref. Does dim llawer o siopau. Mae fy mam yn meddwl bod yr ardal yn ddiflas, oherwydd does dim canolfan chwaraeon. Rwy'n mynd i fyw yn Sbaen pan fyddaf i'n hŷn.

Gwiriwch yn ofalus eich bod chi'n defnyddio'r amserau cywir.

TASG ARHOLIAD

TEITHIO A THRAFNIDIAETH

Wie fährst du gern? Warum?
Sut rwyt ti'n hoffi teithio? Pam?

Ich fliege am liebsten, weil es bequem und schnell ist. Mein Vater ist immer ganz nervös, wenn wir fliegen, aber ich finde es aufregend.
Mae'n well gen i hedfan gan ei fod yn gyfforddus ac yn gyflym. Mae fy nhad bob amser yn nerfus iawn pan fyddwn ni'n hedfan ond rwy'n meddwl ei fod yn gyffrous.

Was sind die Vor- und Nachteile der öffentlichen Verkehrsmittel?
Beth yw manteision ac anfanteision trafnidiaeth gyhoeddus?

Öffentliche Verkehrsmittel sind gut für die Umwelt. Fünfzig Personen können in einem Bus fahren und das bedeutet weniger Autos auf den Straßen. Es ist praktisch und oft billiger.
Mae trafnidiaeth gyhoeddus yn llawer mwy effeithiol. Gall pum deg o bobl deithio mewn bws ac mae hynny'n golygu llai o geir ar y ffyrdd. Mae'n ymarferol ac yn aml yn rhatach.

Was sind die Nachteile, wenn man mit dem Auto fährt?
Beth yw anfanteision teithio mewn car?

In meiner Stadt gibt es oft Staus. Es ist auch schwer einen Parkplatz zu finden und meine Mutter findet das sehr stressig. Trotzdem werde ich mit 17 Fahrstunden haben, obwohl sie teuer sind.
Mae tagfeydd traffig yn fy nhref yn aml. Mae hefyd yn anodd dod o hyd i le parcio ac mae hynny'n achosi straen i fy mam. Er gwaethaf hynny, byddaf i'n cael gwersi gyrru pan fyddaf i'n 17, er eu bod nhw'n ddrud.

Wie bist du gestern zur Schule gekommen?
Sut gwnest ti gyrraedd yr ysgol ddoe?

Normalerweise gehe ich zu Fuß, aber gestern hat es geregnet, also bin ich mit dem Auto gefahren.
Fel arfer rwy'n cerdded, ond ddoe roedd hi'n bwrw glaw felly es i yn y car.

Wie wirst du nächstes Jahr in den Urlaub fahren?

Sut byddi di'n teithio ar dy wyliau y flwyddyn nesaf?

> Nächsten Sommer werde ich mit meiner Familie nach Frankreich fahren und wir werden mit dem Auto und der Fähre fahren. Ich fahre gern mit der Fähre, weil es viel zu tun gibt. Meine Schwester ist normalerweise seekrank.
>
> Yr haf nesaf, byddaf i'n mynd i Ffrainc gyda fy nheulu a byddwn ni'n teithio mewn car ac ar fferi. Rwy'n hoffi'r fferi gan fod llawer o bethau i'w gwneud. Mae fy chwaer fel arfer yn cael salwch môr.

AMADEG

Dewisiadau

Mae **gern, lieber, am liebsten** yn ymadroddion defnyddiol i sôn am beth rydych chi'n hoffi ei wneud/beth sy'n well gennych chi ei wneud. Maen nhw'n dilyn y ferf:

- Ich fahre **gern** mit dem Rad. Rwy'n hoffi mynd ar y beic.
- Ich fahre **lieber** mit dem Auto. Mae'n well gen i fynd yn y car.
- Ich fahre **am liebsten** mit dem Taxi. Rwy'n hoffi mynd mewn tacsi fwyaf.

Mewn cwestiynau, maen nhw'n mynd ar ôl y rhagenw:

- Fährst du **gern** mit dem Bus? Wyt ti'n hoffi teithio ar y bws?

Atebwch y cwestiynau yn Gymraeg.

TASG ARHOLIAD

Ist es möglich, von Hamburg nach Berlin für 14 Euro zu fahren? Mit dem Zug nicht, aber wenn Sie mit der Mitfahrzentrale[1] fahren, dann ist das ganz normal. Es gibt tausende von Fahrtangeboten[2] in Deutschland und Europa, die oft bis zu 75 Prozent billiger sind als mit dem Zug.

Das System ist natürlich besser für die Umwelt, ist einfach und es macht Spaß! Mit netten Mitfahrern ist die Reise nicht so langweilig. Man kann einen Platz auf der Webseite oder per SMS reservieren. Die meisten Fahrer sind pünktlich und freundlich. Falls[3] es Probleme gibt, sind wir jeden Tag 24 Stunden für Sie da!

1 asiantaeth rhannu ceir
2 cynigion teithiau
3 rhag ofn

1. Pa gwestiwn sy'n cael ei ofyn yn y frawddeg agoriadol?
2. Ble mae'r gwasanaeth ar gael?
3. Beth sy'n cael ei ddweud am y prisiau?
4. Pa fanteision eraill sydd? Ysgrifennwch **ddau** fanylyn.
5. Sut gallwch chi archebu lle?

TEITHIO A THRAFNIDIAETH

Ich fahre mit dem Auto zur Schule, weil ich später das Haus verlassen kann.

Rwy'n mynd i'r ysgol yn y car oherwydd gallaf adael y tŷ yn hwyrach.

Die Busfahrpläne in meinem Dorf sind unzuverlässig.

Mae'r amserlenni bws yn fy mhentref yn annibynadwy.

Wenn man mit dem Auto zur Schule oder Arbeit fährt, ist es umweltschädlich.

Pan fyddwch chi'n teithio i'r ysgol neu'r gwaith yn y car, mae'n niweidiol i'r amgylchedd.

Wenn man in einer Großstadt wohnt, ist es oft schneller, mit den öffentlichen Verkehrsmittel zu fahren.

Os ydych chi'n byw mewn tref fawr, mae'n aml yn gynt defnyddio trafnidiaeth gyhoeddus.

Wenn man einen Sitzplatz im Zug finden kann, kann man lesen oder arbeiten.

Os gallwch chi ddod o hyd i sedd ar y trên, gallwch chi ddarllen neu weithio.

Wenn man nicht weit von der Schule wohnt, sollte man zu Fuß gehen.

Os nad ydych chi'n byw yn rhy bell o'r ysgol, dylech chi gerdded yno.

Meiner Meinung nach ist Radfahren am umweltfreundlichsten.

Yn fy marn i, beicio yw'r dewis mwyaf amgylcheddol-gyfeillgar.

Wenn man zu Fuß geht, ist es gut die Umwelt. Es ist auch gut für deine Gesundheit und natürlich kostenlos!

Mae cerdded yn dda i'r amgylchedd. Mae hefyd yn dda i'ch iechyd, ac wrth gwrs, mae am ddim!

Fahrstunden kosten viel Geld und die Autoversicherung ist oft unbezahlbar für junge Leute.

Mae gwersi gyrru yn costio llawer o arian ac mae yswiriant car yn aml yn rhy ddrud i bobl ifanc ei fforddio.

Zugfahrkarten sind oft sehr teuer, wenn man nicht im Voraus bucht.

Mae tocynnau trên yn aml yn ddrud iawn, os nad ydych chi'n archebu ymlaen llaw.

Mit 18 werde ich ein Motorrad kaufen.

Byddaf i'n prynu beic modur pan fyddaf i'n 18.

Wenn man einen Führerschein hat, ist man viel unabhängiger.

Pan fydd gennych chi drwydded yrru, rydych chi'n llawer mwy annibynnol.

Nid yw'r pwnc hwn yn ymwneud â phrynu tocyn yn unig! Mae angen i chi allu rhoi eich barn am wahanol fathau o drafnidiaeth a gwneud cymariaethau rhyngddyn nhw. Meddyliwch am ffyrdd o gynnwys yr amser gorffennol, y presennol a'r dyfodol yn eich atebion.

Yn yr arholiad siarad, bydd y cwestiwn cyntaf am y llun ar gerdyn yn gofyn i chi ddisgrifio'r llun (neu beth sy'n digwydd ynddo):

- **Beschreibe das Foto./Was passiert auf diesem Foto?**

Bydd yr ail gwestiwn fel arfer yn gofyn am eich barn – e.e.:

- **Gibt es genug Fahrradwege in deiner Gegend? Warum (nicht)?** Oes gan dy ardal ddigon o lwybrau beicio? Pam (ddim)?

Yna bydd eich athro/athrawes yn gofyn **dau** gwestiwn heb eu gweld o'r blaen. Yn y cwestiwn cyntaf heb ei weld o'r blaen, bydd angen i chi fel arfer roi sylw ar farn – e.e.:

- **Busse in der Gegend sind zu teuer. Was sagst du dazu?** Mae bysiau lleol yn rhy ddrud. Beth yw dy farn di?

Fel arfer, bydd angen ateb y cwestiwn olaf mewn amser gwahanol – e.e.:

- **Wie bist du gestern zur Schule gekommen?** Sut gwnest ti gyrraedd yr ysgol ddoe?

Yn ystod eich amser paratoi, ceisiwch feddwl am rai o'r pethau a allai godi yn y cwestiynau heb eu gweld o'r blaen.

CYMRU A'R BYD – MEYSYDD O DDIDDORDEB

Y BYD EHANGACH

Mae is-thema **Y Byd Ehangach** yn cael ei rhannu yn ddwy ran. Dyma rai awgrymiadau am bynciau i'w hadolygu:

NODWEDDION LLEOL A RHANBARTHOL YR ALMAEN A GWLEDYDD ALMAENEG EU HIAITH

- lleoedd o ddiddordeb mewn gwledydd Almaeneg eu hiaith
- nodweddion daearyddol
- tywydd a hinsawdd
- atyniadau i dwristiaid a chofadeiladau
- nodweddion rhanbarthol

GWYLIAU A THWRISTIAETH

- lleoliadau a threfi gwyliau
- mathau o wyliau
- llety gwyliau
- gweithgareddau gwyliau
- manteision ac anfanteision twristiaeth
- gwahanol fathau o dwristiaeth
- problemau a chwynion

COFIWCH:

Byddwch chi'n cael eich marcio am eich gwybodaeth ieithyddol a'ch cywirdeb yn eich arholiadau siarad ac ysgrifennu. Mae'n bwysig treulio amser yn adolygu pethau sylfaenol fel:

- cenedl enwau
- terfyniadau berfau
- ansoddeiriau (a sut maen nhw'n cytuno)
- arddodiaid
- amserau

Nid oes disgwyl i chi fod yn arbenigwr ar bob atyniad i dwristiaid yn yr Almaen, ond dylech chi allu siarad yn gyffredinol am y pwnc.

NODWEDDION LLEOL A RHANBARTHOL YR ALMAEN A GWLEDYDD ALMAENEG EU HIAITH

Warst du schon in Deutschland?
Wyt ti erioed wedi bod i'r Almaen?

Ich habe Deutschland noch nie besucht, aber ich möchte Berlin besuchen, um die Sehenswürdigkeiten zu sehen. Ich finde Themenparks klasse, also würde ich gern nach Europa-Park in Südwestdeutschland gehen.
Dydw i erioed wedi ymweld â'r Almaen, ond hoffwn i fynd i Berlin i weld yr atyniadau. Rydw i wrth fy modd â pharciau thema felly hoffwn i fynd i Europa-Park yn ne-orllewin yr Almaen.

Besuchst du gern historische Gebäude? Warum (nicht)?
Wyt ti'n hoffi ymweld ag adeiladau hanesyddol? Pam (ddim)?

Ich weiß, dass Kultur und Geschichte wichtig sind, aber ehrlich gesagt finde ich Museen langweilig. Ich kaufe lieber Souvenirs.
Rwy'n gwybod bod diwylliant a hanes yn bwysig ond â bod yn onest rwy'n ffeindio amgueddfeydd yn ddiflas. Mae'n well gen i brynu swfenîrs.

Findest du deutsche Kultur interessant? Warum (nicht)?
Wyt ti'n meddwl bod diwylliant yr Almaen yn ddiddorol? Pam (ddim)?

Ich finde deutsche Kultur sehr interessant. Deutschland hat viele historische Gebäude und coole Traditionen. Ich möchte mehr darüber lernen.
Rwy'n meddwl bod diwylliant yr Almaen yn ddiddorol iawn. Mae gan yr Almaen lawer o adeiladau hanesyddol a thraddodiadau difyr. Hoffwn i ddysgu mwy amdanyn nhw.

Os nad ydych chi erioed wedi bod i'r Almaen neu i wlad Almaeneg ei hiaith, gallwch chi naill ai ddychmygu ymweliad fel bod gennych chi rywbeth i siarad amdano neu ddisgrifio lle hoffech chi fynd. Mae llawer o eirfa yr un fath â'r eirfa byddwch chi ei hangen ar gyfer **ardaloedd lleol o ddiddordeb**, ond eu bod nhw mewn cyd-destun gwahanol.

Welche Touristenattraktion hast du neulich besucht?
Pa atyniad i dwristiaid rwyt ti wedi ymweld ag ef yn ddiweddar?

> Letztes Wochenende haben wir die Kunstgalerie besucht. Es gab viele Touristen, aber es hat Spaß gemacht. Der Eintritt war kostenlos und das hat meiner Mutter gefallen.
> Y penwythnos diwethaf, aethon ni i'r oriel gelf. Roedd llawer o dwristiaid, ond roedd yn hwyl. Roedd mynediad am ddim a gwnaeth hynny blesio fy mam.

Wohin wirst du nächstes Jahr gehen?
I ble byddi di'n mynd y flwyddyn nesaf?

> Ich werde nächsten Dezember mit der Schule in die Schweiz fahren, um Skiurlaub zu machen. Ich freue mich schon darauf, weil ich gern Zeit mit meinen Schulfreunden verbringe. Ich habe gehört, dass die Landschaft wunderschön ist.
> Mis Rhagfyr nesaf, byddaf i'n mynd i'r Swistir gyda'r ysgol ar wyliau sgïo. Rwy'n edrych ymlaen, oherwydd rwy'n mwynhau treulio amser gyda fy ffrindiau ysgol. Rydw i wedi clywed bod y dirwedd yn brydferth.

GRAMADEG

Arddodiaid

Mae arddodiaid yn rhoi gwybodaeth am safle enw neu ragenw. Maen nhw'n newid cyflwr yr enw neu'r rhagenw. Yn aml mae gan arddodiaid fwy nag un ystyr – e.e.:

- mit dem Taxi – mewn tacsi
- mit meinem Bruder – gyda fy mrawd

Mae rhai arddodiaid yn cael eu dilyn gan y cyflwr gwrthrychol (Akkusativ) bob amser – e.e. **für** (i), **um** (o amgylch/i/am), **durch** (drwy), **bis** (tan), **ohne** (heb), **wider** (yn erbyn), **gegen** (yn erbyn), **entlang** (ar hyd).

   Mae rhai arddodiaid yn cael eu dilyn gan y cyflwr derbyniol (Dativ) bob amser – e.e. **bei** (yn nhŷ), **aus** (o/allan o), **nach** (i/ar ôl/wedi), **gegenüber** (gyferbyn â), **seit** (ers/am), **von** (o, oddi wrth), **außer** (ar wahân i), **mit** (gyda), **zu** (i).

   Mae rhai arddodiaid yn cael eu dilyn gan y cyflwr gwrthrychol neu dderbyniol, yn dibynnu ar yr ystyr – e.e. **an** (ar), **auf** (ar), **hinter** (y tu ôl i), **vor** (o flaen/cyn), **in** (yn), **unter** (o dan), **über** (dros/uwchben), **neben** (wrth ymyl), **zwischen** (rhwng).

- **Ich gehe in die Stadt.** Rwy'n mynd i'r dref. (gwrthrychol – symudiad tuag at)
- **Ich bin in der Stadt.** Rydw i yn y dref. (derbyniol – yn dynodi safle neu leoliad)

Cyfieithwch y paragraff canlynol i'r Gymraeg:

TASG ARHOLIAD

Ich besuche gerne neue Länder, wenn ich in den Urlaub fahre. Letztes Jahr bin ich mit meiner Familie in die Schweiz gefahren. Meine Eltern interessieren sich für Geschichte, deswegen haben wir viele Museen und historische Gebäude besucht. Ich möchte nächstes Jahr nach Polen fahren, um mehr über die Kultur zu lernen.

Gwnewch yn siŵr bod eich Cymraeg yn gwneud synnwyr. Cofiwch y gallai trefn y geiriau fod yn wahanol yn Almaeneg.

NODWEDDION LLEOL A RHANBARTHOL YR ALMAEN A GWLEDYDD ALMAENEG EU HIAITH

Du kannst neue Kulturen entdecken oder deine Fremdsprachenkenntnisse verbessern.

Gallwch chi ddarganfod diwylliannau newydd neu wella eich sgiliau ieithoedd tramor.

Wenn man sich für Geschichte interessiert, gibt es Museen und historische Monumente.

Os oes diddordeb gennych mewn hanes, mae yna amgueddfeydd a chofadeiladau hanesyddol.

Touristen können interessante Sehenswürdigkeiten wie das Schloss besuchen.

Gall twristiaid ymweld ag atyniadau diddorol fel y castell.

Die Touristenattraktionen in Berlin sind weltberühmt.

Mae'r atyniadau i dwristiaid yn Berlin yn fyd-enwog.

Die Stadt zieht jedes Jahr Millionen von Touristen an.

Mae'r dref yn denu miliynau o dwristiaid bob blwyddyn.

Die Schweiz ist ein Traumziel für Wintersportler.

Mae'r Swistir yn gyrchfan delfrydol i'r rhai sy'n hoffi chwaraeon y gaeaf.

Deutschland ist ein Traumziel für Touristen, die sich für Geschichte interessieren.

Mae'r Almaen yn gyrchfan delfrydol i dwristiaid sydd â diddordeb mewn hanes.

Die Landschaft in Deutschland bietet mit Seen, Bergen und Küsten für jeden das Richtige.

Mae tirwedd yr Almaen, sydd â llynnoedd, mynyddoedd ac arfordiroedd, yn cynnig rhywbeth i bawb.

Themenparks wie der Europa-Park und das Phantasialand werden immer beliebter.

Mae parciau thema fel Europa-Park a Phantasialand yn dod yn fwy ac yn fwy poblogaidd.

Deutschland ist berühmt für das reiche kulturelle und literarische Erbe.

Mae'r Almaen yn enwog am ei diwylliant cyfoethog a'i threftadaeth lenyddol.

Hamburg ist eine lebhafte Stadt, in der man viele Aktivitäten machen kann.

Mae Hamburg yn dref fywiog, lle gallwch chi wneud llawer o weithgareddau.

Deutschland ist das zweitbeliebteste Reiseland Europas.

Yr Almaen yw'r ail gyrchfan mwyaf poblogaidd i dwristiaid yn Ewrop.

Ffurfiau gorchmynnol

Mae'n hawdd ffurfio gorchmynion gan ddefnyddio Sie:

- **Buchen Sie sofort.** Archebwch yn syth.

Berfau gwahanadwy:

- **Rufen Sie uns an.** Ffoniwch ni.

I ffurfio gorchmynion gan ddefnyddio du, rydych chi'n defnyddio ffurf du yr amser presennol ac yn tynnu'r -st i ffwrdd. Gallech chi hefyd weld hyn gydag -e wedi'i ychwanegu mewn Almaeneg ysgrifenedig:

- **Buch(e) sofort.** Archeba yn syth.
- **Besuch(e) die Altstadt.** Cer i ymweld â'r hen ddinas.

Cofiwch fod rhai berfau yn afreolaidd yn y ffurf du:

- **Nimm den Bus.** Cymer y bws.
- **Lies die Werbung.** Darllen yr hysbyseb.

Dyma rai enghreifftiau o sbardunau chwarae rôl ar y pwnc hwn.

Cofiwch nad oes angen i chi roi gwybodaeth ffeithiol. Mae'n iawn i chi ffugio atebion.

- Dywedwch sut mae'r tywydd.
- Dywedwch beth rydych chi'n ei wneud ar wyliau fel arfer.
- Gofynnwch gwestiwn i'ch ffrind am atyniad i dwristiaid.
- Gofynnwch i'ch ffrind beth mae'n hoffi ei wneud ar wyliau.
- Dywedwch lle aethoch chi y llynedd.
- Dywedwch â pha atyniad i dwristiaid byddwch chi'n ymweld y flwyddyn nesaf.

Does dim rhaid i chi roi gwybodaeth ychwanegol. Ar gyfer y pwynt bwled cyntaf, gallech chi ddweud rhywbeth mor syml ag Es ist kalt i gael marciau llawn.

GWYLIAU A THWRISTIAETH

Was machst du normalerweise während der Sommerferien?
Beth rwyt ti'n ei wneud fel arfer yn ystod gwyliau'r haf?

Wir fahren normalerweise für eine Woche in den Urlaub. Wir bleiben auf einem Campingplatz in einem Wohnwagen. Meine Mutter surft das Internet, um ein Schnäppchen zu finden.
Rydyn ni'n mynd ar wyliau am wythnos bob blwyddyn. Rydyn ni'n aros ar faes gwersylla mewn carafán. Mae fy mam yn defnyddio'r rhyngrwyd i ffeindio bargen.

Was sind die positiven Aspekte des Tourismus?
Beth yw agweddau cadarnhaol twristiaeth?

Tourismus ist gut für die Wirtschaft. Er ist eine große Industrie, die viele Arbeitsplätze schafft.
Mae twristiaeth yn dda i'r economi. Mae'n ddiwydiant mawr sy'n creu llawer o swyddi.

Wohin fährst du lieber in Urlaub? Zum Strand oder in die Stadt? Warum?
Beth sy'n well gen ti? Gwyliau ar lan y môr neu yn y dref? Pam?

Ich habe Strandurlaub am liebsten, weil ich gern Wassersport treibe. Ich bin gern aktiv und mache täglich verschiedene Aktivitäten, zum Beispiel Tauchen, Windsurfen und so weiter.
Mae'n well gen i'r traeth oherwydd rwy'n hoffi chwaraeon dŵr. Rwy'n hoffi bod yn weithgar a gwneud gweithgareddau gwahanol bob dydd, er enghraifft, deifio, hwylfyrddio, ac yn y blaen.

Was hast du letztes Jahr gemacht?
Beth wnest ti y llynedd?

Tagsüber sind wir zum Strand gegangen und ich habe mich gesonnt. Am letzten Tag sind wir in die Stadt gefahren und ich habe Souvenirs für meine Freunde gekauft. Der Urlaub war wunderbar!
Yn ystod y dydd, aethon ni i'r traeth ac fe wnes i dorheulo. Ar y diwrnod olaf, aethon ni i'r dref ac fe brynais i swfenîrs i fy ffrindiau. Roedd y gwyliau'n wych!

Was wäre dein Traumurlaub?
Beth fyddai dy wyliau delfrydol?

Mein Traumurlaub? Ich würde drei Wochen mit meiner Familie auf einer Insel in der Karibik verbringen. Es würde jeden Tag heiß und sonnig sein und wir würden in einem Luxushotel mit einem riesigen Schwimmbad mit Wasserrutschen wohnen.
Fy ngwyliau delfrydol? Byddwn i'n treulio tair wythnos gyda fy nheulu ar ynys yn y Caribî. Byddai'n boeth ac yn heulog bob dydd a bydden ni'n aros mewn gwesty moethus gyda phwll nofio enfawr a sleidiau dŵr.

Dylech chi deimlo'n hyderus yn defnyddio'r amser gorffennol, y presennol a'r dyfodol wrth siarad ac ysgrifennu Almaeneg.

Dylech chi fod yn gyfarwydd â'r amserau canlynol:

- Yr amser presennol i sôn am weithgareddau rydych chi'n eu gwneud yn rheolaidd – e.e. Ich fahre jedes Jahr nach Italien.
- Yr amser perffaith i ddweud beth rydych chi wedi'i wneud – e.e. Ich habe das Stadion besucht. Ich bin nach Deutschland gefahren.
- Yr amser amherffaith i siarad am y gorffennol – e.e. Es war toll. Es gab nichts für Touristen. Ich hatte nicht genug Zeit.
- Yr amser dyfodol i ddweud beth byddwch chi'n ei wneud – e.e. Ich werde viel wandern.
- Yr amser amodol i ddweud beth byddech chi'n ei wneud – e.e. Ich würde in einem Luxushotel wohnen (, wenn ich mehr Geld hätte).

Ceisiwch ddefnyddio amrywiaeth o'r amserau hyn i wella eich perfformiad yn eich arholiadau siarad ac ysgrifennu. Mae angen i chi allu eu hadnabod oherwydd byddan nhw'n ymddangos yn eich arholiadau gwrando a darllen.

Lies die Texte und verbinde die Paare.

Katja: Am liebsten liege ich den ganzen Tag in der Sonne – Sand und Sonne sind perfekt für mich.

Paul: Ich faulenze nicht gern am Strand. Ich habe letztes Jahr bei Umweltprojekten in Südamerika geholfen. Wir haben eine neue Schule gebaut.

Sofia: Jedes Jahr fahren wir in die Schweiz. Mein Bruder und ich fahren gern Ski.

Markus: Campingplätze sind viel billiger als Luxushotels und ich bin gern in der frischen Luft.

Lotte: Letzten Dezember bin ich mit der Schule nach Frankreich gefahren. Die Reise war zu lang, aber das Hotel war klasse.

Florian: Wenn ich im Urlaub bin, gehe ich gern ins Museum. Kunstgalerien gefallen mir auch.

1. Zelturlaub
2. Klassenfahrt
3. Strandurlaub
4. Ökotourismus
5. Kulturtourismus
6. Wintersporturlaub

TASG ARHOLIAD

GWYLIAU A THWRISTIAETH

Die Ruhe und frische Luft waren perfekt für uns.	Roedd y tawelwch a'r awyr iach yn berffaith i ni.
Ich verbringe gern Zeit mit meiner Familie, obwohl wir manchmal uns streiten.	Rwy'n hoffi treulio amser gyda fy nheulu, er ein bod ni'n dadlau weithiau.
Ich sonne mich gern am Strand.	Rwy'n hoffi torheulo ar y traeth.
Normalerweise zelten wir, weil Hotels so teuer sind.	Fel arfer rydyn ni'n mynd i wersylla oherwydd bod gwestai mor ddrud.
Als ich jünger war, habe ich gern Urlaub mit meinen Eltern gemacht, aber jetzt mache ich lieber Urlaub mit meinen Freunden.	Pan oeddwn i'n iau, roeddwn i'n hoffi mynd ar wyliau gyda fy rheini, ond nawr mae'n well gen i dreulio fy ngwyliau gyda fy ffrindiau.
Ich fahre lieber im Winter in den Urlaub, weil ich gern in den Bergen Ski fahre.	Mae'n well gen i fynd ar wyliau yn y gaeaf oherwydd rwy'n hoffi sgïo yn y mynyddoedd.
Es war eine unvergessliche Erfahrung.	Roedd yn brofiad bythgofiadwy.
Mein Urlaub war entspannend, weil das Hotel so bequem war.	Roedd fy ngwyliau yn ymlaciol oherwydd bod y gwesty mor gyfforddus.
Postkarten sind wegen Handys aus der Mode gekommen.	Mae cardiau post wedi mynd allan o ffasiwn oherwydd ffonau symudol.
Es gab keinen Internetzugang in unserem Ferienhaus und ich fand das ärgerlich.	Doedd dim mynediad i'r rhyngrwyd yn ein tŷ gwyliau ni, ac i mi roedd hynny'n boen.
Als wir angekommen sind, sind wir sofort ins Schwimmbad gegangen.	Pan gyrhaeddon ni, aethon ni i'r pwll nofio yn syth.
Wir wollten zum Strand gehen, aber es hat geregnet.	Roedden ni eisiau mynd i'r traeth ond roedd hi'n bwrw glaw.
Tourismus kann umweltfeindlich sein.	Gall twristiaeth fod yn ddrwg i'r amgylchedd.
Es gibt manche Touristen, die keinen Respekt zeigen.	Mae rhai twristiaid sydd ddim yn dangos unrhyw barch.
Ich hoffe, schon bald hierher zurück zu kommen.	Rwy'n gobeithio dod yn ôl yma cyn bo hir.
Souvenirgeschäfte und Hotels zerstören die Landschaft.	Mae'r siopau swfenîrs a'r gwestai yn dinistrio'r dirwedd.

Amserau

Ydy'r brawddegau canlynol yn yr amser presennol, y gorffennol, y dyfodol neu'r amodol?

1. Ich habe das Museum besucht.
2. Es hat mir gut gefallen.
3. Ich werde das Stadion besuchen.
4. Was würdest du empfehlen?
5. Ich wohne in einem Dorf.
6. Es kostet zu viel.

Ysgrifennwch frawddeg lawn yn Almaeneg ar gyfer pob un o'r penawdau:

- trafnidiaeth
- llety
- y tywydd
- prydau o fwyd
- gweithgareddau
- eich barn

Gwnewch yn siŵr bod eich brawddeg yn gyflawn ac yn cynnwys berf addas – e.e. ar gyfer y pwynt bwled cyntaf dylech chi ddweud Ich fahre mit dem Auto, nid mit dem Auto yn unig.

CYMRU A'R BYD – MEYSYDD O DDIDDORDEB

CYNALIADWYEDD BYD-EANG

Mae is-thema **Cynaliadwyedd Byd-eang** yn cael ei rhannu yn ddwy ran. Dyma rai awgrymiadau am bynciau i'w hadolygu:

YR AMGYLCHEDD

- materion amgylcheddol
- ailgylchu
- newid hinsawdd
- sychder a llifogydd
- llygredd
- mathau o egni
- grwpiau amgylcheddol

MATERION CYMDEITHASOL

- digwyddiadau elusennol
- codi arian
- problemau byd-eang – e.e. tlodi, newyn, iechyd, digartrefedd
- gwirfoddoli

CYNGOR

Ar yr olwg gyntaf, gallai tasg ar yr amgylchedd neu faterion cymdeithasol ymddangos yn fwy anodd na rhai o'r is-themâu eraill. Bydd angen i chi ddysgu geirfa pwnc-benodol, ond mae'r disgwyliadau yr un peth â disgwyliadau'r is-themâu eraill i gyd. Mae angen i chi fynegi barn a chyfeirio at ddigwyddiadau yn y gorffennol, y presennol a'r dyfodol. Ceisiwch ysgrifennu brawddegau estynedig gan ddefnyddio cysyllteiriau. Gallwch chi gyfuno mwy nag un amser mewn brawddeg a gallwch chi amrywio'r eirfa y byddwch chi'n ei defnyddio i fynegi barn. Wrth adolygu'r is-thema hon, gallai fod yn ddefnyddiol i chi feddwl am sut gallech chi wneud y canlynol:

- mynegi pa broblemau cymdeithasol neu amgylcheddol sy'n eich poeni a pham
- trafod elusen rydych chi'n ei chefnogi a beth mae'n ei wneud
- siarad am rywbeth yn y gorffennol – e.e. digwyddiad elusennol y buoch chi ynddo
- dweud beth rydych chi'n ei wneud ar hyn o bryd i gefnogi elusennau neu i helpu'r amgylchedd
- siarad am ddigwyddiad yn y dyfodol – e.e. sêl gacennau byddwch chi'n ei threfnu, digwyddiad codi arian byddwch chi'n ei fynychu, eich cynlluniau i wirfoddoli, sut byddwch chi'n mynd yn fwy eco-gyfeillgar, etc.
- dweud sut gall pobl ifanc helpu neu beth dylai pobl ei wneud i helpu

YR AMGYLCHEDD

Was sind die schlimmsten Umweltprobleme in deiner Gegend?
Beth yw'r problemau amgylcheddol gwaethaf yn dy ardal di?

Leider gibt es viele Probleme in meiner Gegend. Estens gibt es nicht genug Mülleimer und Leute werfen Müll auf den Boden. Ich glaube auch, dass es zu viele Autos auf den Straßen gibt. Als Folge gibt es ein großes Problem mit Luftverschmutzung.
Yn anffodus, mae llawer o broblemau yn fy ardal i. I ddechrau, does dim digon o finiau ac mae pobl yn taflu eu sbwriel ar y llawr. Hefyd, rwy'n meddwl bod gormod o geir ar y ffyrdd. O ganlyniad, mae problem fawr gyda llygredd aer.

Was sollte die Regierung machen, um der Umwelt zu helfen?
Beth dylai'r llywodraeth ei wneud i helpu'r amgylchedd?

Ich glaube, dass die Regierung mehr machen könnte, um die Erde zu retten. Man muss mehr Geld in Solar- und Windenergie investieren. Man sollte auch Autos in der Innenstadt verbieten.
Rwy'n meddwl y gallai'r llywodraeth wneud mwy i achub y Ddaear. Mae angen buddsoddi mwy o arian mewn egni solar ac egni gwynt. Dylech chi hefyd wahardd ceir yng nghanol y ddinas.

Findest du Recycling wichtig? Warum (nicht)?
Wyt ti'n meddwl bod ailgylchu yn bwysig? Pam (ddim)?

Ja. Natürlich ist Recycling sehr wichtig für unsere Umwelt und die Zukunft der Erde. Wenn wir recyceln, schonen wir die natürlichen Ressourcen.
Ydw. Wrth gwrs, mae ailgylchu yn bwysig iawn i'n hamgylchedd ac i ddyfodol ein planed. Pan fyddwn ni'n ailgylchu, rydyn ni'n arbed adnoddau naturiol.

Was hast du neulich gemacht, um der Umwelt zu helfen?
Beth rwyt ti wedi'i wneud yn ddiweddar i helpu'r amgylchedd?

Heute Morgen habe ich mich geduscht, nicht gebadet, um Wasser zu sparen. Ich habe auch eine Stofftasche mitgenommen, um in den Supermarkt zu gehen.
Y bore yma, ces i gawod yn lle bath er mwyn arbed dŵr. Hefyd es i â bag defnydd i'r archfarchnad.

Bist du umweltfreundlich? Warum (nicht)?
Wyt ti'n amgylcheddol-gyfeillgar? Pam (ddim)?

Ich mache so viel wie möglich, aber es ist manchmal schwer. Viele Produkte, die ich kaufe, enthalten Chemikalien. Ich werde in der Zukunft immer mehr Bioprodukte kaufen.
Rwy'n gwneud cymaint â phosibl ond mae'n anodd weithiau. Mae llawer o'r cynhyrchion rwy'n eu prynu yn cynnwys cemegion. Yn y dyfodol, byddaf i'n prynu mwy a mwy o gynhyrchion organig.

Wie könnte man Umweltprobleme in deiner Gegend verbessern?
Sut byddai'n bosibl gwella problemau amgylcheddol yn dy ardal di?

Meiner Meinung nach müssen wir Energie sparen. Zu Hause sollte man die Lichter ausmachen, wenn man das Zimmer verlässt, um Strom zu sparen. Das spart natürlich auch Geld.
Yn fy marn i, mae'n rhaid i ni arbed egni. Gartref, dylen ni ddiffodd y goleuadau pan fyddwn ni'n gadael ystafell er mwyn arbed trydan. Mae hynny'n arbed arian hefyd, wrth gwrs.

Mae'r rhain yn ferfau defnyddiol ar gyfer siarad am yr amgylchedd. Allwch chi eu cyfieithu i'r Gymraeg? Allwch chi ysgrifennu brawddeg gan ddefnyddio pob un? Amrywiwch eich amserau lle gallwch chi.

- helfen
- schützen
- reduzieren
- schaden
- sparen
- verschmutzen
- recyceln
- zerstören
- verursachen
- verschwenden
- benutzen

AMADEG
Meintiolwyr
Cadwch olwg am eiriau allweddol sy'n rhoi mwy o wybodaeth neu sy'n pwysleisio ystyr rhifau:

bis zu – hyd at
doppelt so viel – dwywaith cymaint
fast – bron
im Durchschnitt – ar gyfartaledd
knapp – prin/bron
mehr als – mwy na
sinken – suddo/gostwng
steigen – cynyddu/codi
weniger als – llai na
zwischen – rhwng

TASG ARHOLIAD

Atebwch y cwestiynau yn Gymraeg.
Heftige Unwetter in Bamberg, Süddeutschland
Gestern Abend sind zwischen 30 und 40 Liter Regen in einer Stunde gefallen. 2500 Menschen mussten ihre Häuser wegen des Hochwassers[1] verlassen und im Jugenzentrum übernachten. Es gibt weitere Warnungen für Überflutungen[2] in der Gegend, weil die Wettervorhersage für die nächsten drei Tage nicht gut aussieht. In Norddeutschland gab es Gewitter. In Hamburg gab es Berichte über Hagelkörner[3] so groß wie Golfbälle. Eiskalte Luft aus Grönland wird morgen Temparaturen von minus vier Grad bringen. Am Mittwoch wird es winterlich bleiben und am kommenden Wochenende wird es sehr windig und immer noch eiskalt sein.

1 dyfroedd uchel
2 llifogydd
3 cenllysg/cesair

1. Sut roedd y tywydd yn Bamberg ddoe?
2. Beth ddigwyddodd o ganlyniad i hyn?
3. Pa rybudd sy'n cael ei roi?
4. Beth oedd yn anarferol am y tywydd yn Hamburg?
5. Beth yw'r rhagolygon ar gyfer y penwythnos?

YR AMGYLCHEDD

Ich kaufe so oft wie möglich Fairtrade-Produkte.	Rwy'n prynu nwyddau masnach deg mor aml â phosibl.
Ich nehme eine Stofftasche mit und fahre mit dem Bus, wenn ich in den Supermarkt gehe.	Rwy'n mynd â bag defnydd ac yn mynd ar y bws pan fyddaf i'n mynd i'r archfarchnad.
Man muss Energie sparen und erneuerbare Energie benutzen.	Mae'n rhaid i ni arbed egni a defnyddio egni adnewyddadwy.
Meine Familie verschwendet zu viel Wasser.	Mae fy nheulu'n gwastraffu gormod o ddŵr.
Die Statistiken sind schockierend.	Mae'r ystadegau'n syfrdanol.
Der Treibhauseffekt erwärmt die Erde.	Mae'r effaith tŷ gwydr yn cynhesu'r Ddaear.
Das Eis am Nord- und Südpol schmilzt.	Mae'r rhew ym Mhegwn y Gogledd a Phegwn y De yn toddi.
Man sollte sich an das Tempolimit halten, weil das Benzin spart.	Dylech chi gadw at y cyfyngiad cyflymder oherwydd bod hynny'n arbed petrol.
Windräder produzieren viel Lärm und sehen schrecklich aus.	Mae tyrbinau gwynt yn gwneud llawer o sŵn ac maen nhw'n edrych yn ofnadwy.
Die Luftverschmutzung wird ein ernstes Problem in der Zukunft sein.	Bydd llygredd aer yn broblem ddifrifol yn y dyfodol.
Die Zerstörung der Regenwälder ist alarmierend.	Mae dinistr y coedwigoedd glaw yn frawychus.
Es gibt viele bedrohte Tierarten.	Mae llawer o fathau o anifeiliaid dan fygythiad.
In der Zukunft werde ich immer den Müll trennen, um umweltfreundlich zu sein.	Yn y dyfodol byddaf i bob amser yn gwahanu'r sbwriel er mwyn bod yn amgylcheddol-gyfeillgar.
Meine Eltern werden bald Solaranlagen installieren.	Bydd fy rhieni yn gosod paneli solar cyn bo hir.
Leute werden immer umweltfreundlicher.	Mae pobl yn dod yn fwy ac yn fwy amgylcheddol-gyfeillgar.
Als ich jünger war, habe ich nichts gemacht, um die Erde zu retten.	Pan oeddwn i'n iau, wnes i ddim byd i achub y Ddaear.

Ysgrifennwch frawddeg am broblem amgylcheddol gan ddefnyddio pob un o'r ansoddeiriau canlynol.

Cofiwch wneud i'r ansoddeiriau gytuno â'r enw maen nhw'n ei ddisgrifio.

weltweit – byd-eang
gefährlich – peryglus
schädlich – niweidiol
ernst – difrifol
umweltfreundlich – amgylcheddol-gyfeillgar

Schreiben Sie einen Text für eine Internetseite über die Umwelt.

Sie können weitere Informationen geben, aber Sie müssen Informationen zu folgenden Themen schreiben:

- Umweltprobleme in deiner Gegend
- wie wichtig es ist, umweltfreundlich zu sein
- was du nächste Woche machen wirst, um der Umwelt zu helfen

Ceisiwch ysgrifennu tua 100 gair. Ceisiwch gadw o fewn y terfyn hwn. Nid oes marciau ychwanegol am ysgrifennu mwy na hyn! Mae'r ail bwynt bwled yn gofyn am eich safbwyntiau – ceisiwch eu cyfiawnhau cymaint â phosibl. Bydd angen i chi ddefnyddio'r amser dyfodol ar gyfer y trydydd pwynt bwled.

TASG ARHOLIAD

MATERION CYMDEITHASOL

Welches soziale Problem macht dir Sorgen?
Pa broblem gymdeithasol sy'n dy boeni di?

Für mich ist es die Arbeitslosigkeit. Ich denke, dass die europäischen Regierungen mehr machen könnten, um die Situation zu verbessern.
I mi, diweithdra. Rwy'n meddwl y gallai llywodraethau Ewrop wneud mwy i wella'r sefyllfa.

Wie kann man das Problem der Armut lösen?
Beth gallwn ni ei wneud i ddatrys problem tlodi?

Leider gibt es keine einfache Lösung. Jeder sollte etwas Gutes für die Welt tun, zum Beispiel kann man Geld an Wohltätigkeitsorganisationen spenden.
Yn anffodus, nid oes datrysiad hawdd. Dylai pawb wneud rhywbeth da i'r byd, er enghraifft, gallwch chi roi arian i elusennau.

Gibt es ein Problem mit Obdachlosigkeit in deiner Gegend? Warum (nicht)?
Oes problem digartrefedd yn dy ardal di? Pam (ddim)?

Ich denke, dass das Problem der Obdachlosigkeit immer größer wird. Meiner Meinung nach sollte die Regierung mehr Häuser bauen und mehr Arbeitsplätze schaffen.
Rwy'n meddwl bod problem digartrefedd yn mynd yn fwy ac yn fwy. Yn fy marn i, dylai'r llywodraeth adeiladu mwy o dai a chreu mwy o swyddi.

Was hast du neulich gemacht, um anderen Leuten zu helfen?
Beth rwyt ti wedi'i wneud yn ddiweddar i helpu pobl eraill?

Ich habe Geld an Wohltätigkeitsorganisationen gespendet und ich habe einen Kuchenverkauf in der Schule organisiert.
Rhoddais i arian i elusennau a threfnais i sêl gacennau yn yr ysgol.

Wie möchtest du anderen Leuten helfen?
Beth hoffet ti ei wneud i helpu pobl eraill?

> Ich möchte mit armen Kindern arbeiten. Nach meinen Prüfungen habe ich vor, Freiwilligenarbeit zu leisten.
> Hoffwn i weithio gyda phlant tlawd. Ar ôl fy arholiadau, rwy'n bwriadu gwneud gwaith gwirfoddol.

Sut i siarad am faterion cymdeithasol:

- Dywedwch pa fater byd-eang sy'n eich poeni chi a defnyddiwch ymadroddion priodol i roi eich barn – e.e. Das Problem, das mir Sorgen macht, ist … Gallech chi esbonio pa fath o broblemau mae'r mater hwn yn eu hachosi neu sut mae'n effeithio ar bobl. Gallech chi hefyd ddweud beth fydd yn digwydd yn y dyfodol, yn eich barn chi.
- Rhaid i chi roi nifer o resymau pam mae helpu pobl eraill yn bwysig. Gallech chi hefyd sôn am beth rydych chi wedi'i wneud yn ddiweddar i helpu pobl eraill – e.e. trefnu digwyddiadau elusennol yn yr ysgol, codi arian, gwirfoddoli.
- Gallwch chi sôn am beth gall unigolion ei wneud – e.e. Man kann … , neu beth dylen nhw ei wneud – e.e. Man sollte … , a beth dylai'r llywodraeth ei wneud – e.e. Die Regierung muss … Gallwch chi hefyd ddefnyddio Man könnte … i ddweud beth gallai unigolion ei wneud. Gallech chi ddefnyddio berfau amodol eraill – e.e. Ich würde … ac amrywiaeth o gysyllteiriau – e.e. wenn, dass, obwohl, damit.

Atebwch y cwestiynau yn Gymraeg.

Peter: Es ist vielleicht nicht sehr originell, aber meiner Meinung nach sollten wir Kuchen backen. Es ist sehr einfach und alle Studenten würden etwas in der Pause kaufen. Ich backe gern und habe einige gute Rezepte. Wenn man keine Zeit zum Backen hat, könnte man etwas im Supermarkt oder in der Bäckerei kaufen.

Krzystof: Ich glaube, dass ein Flohmarkt in der Schule eine gute Idee wäre. Wir haben bestimmt alle Weihnachts- oder Geburtstagsgeschenke, die wir nicht wollen. Jede Familie hat alte Spielzeuge im Keller. Wir könnten diese Dinge holen und dann verkaufen.

1. Beth mae Peter yn ei ddweud am ei syniad, sef pobi cacennau? Ysgrifennwch **ddau** fanylyn.
2. Beth gallwch chi ei wneud os nad oes gennych chi amser i bobi?
3. Beth mae Krzystof yn bwriadu ei werthu yn y ffair sborion? Ysgrifennwch **dri** manylyn.

Darllenwch y testun unwaith, yna darllenwch y cwestiynau, yna darllenwch y testun eto. Defnyddiwch eiriau cytras (geiriau sy'n debyg i'r rhai Saesneg/Cymraeg) neu eiriau cytras agos i'ch helpu i weithio allan ystyr rhai geiriau.

MATERION CYMDEITHASOL

Heutzutage ist die Arbeitslosigkeit ein großes Problem.	Y dyddiau hyn, mae diweithdra yn broblem fawr.
Viele Menschen müssen im Freien schlafen – in Parks oder unter Brücken.	Mae llawer o bobl yn gorfod cysgu y tu allan – mewn parciau neu o dan bontydd.
Unsere Regierung sollte Entwicklungsländern helfen.	Dylai ein llywodraeth ni helpu gwledydd sy'n datblygu.
Tausende Menschen weltweit haben nicht genug zu essen.	Mae miloedd o bobl ar draws y byd heb ddigon i'w fwyta.
Gesundheitsorganisationen warnen, dass das Problem schlimmer werden wird.	Mae sefydliadau iechyd yn rhybuddio y bydd y broblem yn gwaethygu.
Es ist nötig, die Menschenrechte zu schützen.	Mae'n angenrheidiol gwarchod hawliau dynol.
Die Obdachlosen haben oft zahlreiche Probleme wie Hunger, Arbeitslosigkeit und Alkoholismus.	Yn aml mae gan bobl ddigartref nifer o broblemau fel newyn, diweithdra ac alcoholiaeth.
Wir müssen gegen Rassismus kämpfen.	Mae'n rhaid i ni ymladd yn erbyn hiliaeth.
Es ist ein internationales Problem.	Mae'n broblem ryngwladol.
Tatsächlich bedroht dieses Problem unsere Gesellschaft.	Mewn gwirionedd, mae'r broblem hon yn bygwth ein cymdeithas.
In den Großstädten gibt es nicht genug Häuser und Arbeitsplätze.	Does dim digon o dai na swyddi yn y dinasoedd mawr.
Viele Leute sind Opfer der Wirtschaftskrise.	Mae llawer o bobl yn dioddef oherwydd yr argyfwng economaidd.
Alle Länder müssen zusammenarbeiten, um das Problem zu lösen.	Mae'n rhaid i'r holl wledydd weithio gyda'i gilydd i ddatrys y broblem.

Awgrymiadau ar gyfer y sgwrs:

- Gwrandewch ar y cwestiwn yn ofalus. Gweithiwch allan a yw'r cwestiwn yn defnyddio'r amser presennol, y gorffennol neu'r dyfodol fel y gallwch chi ddefnyddio'r un amser yn eich ateb.
- Siaradwch yn glir ac yn uchel.
- Peidiwch â phoeni os ydych chi'n oedi. Peidiwch â defnyddio 'ym' neu 'y' fel y gwnawn ni yn Gymraeg, ond ceisiwch ddefnyddio ymadroddion Almaeneg yn lle hynny, er enghraifft Moment mal neu Lass mich denken.
- Rhowch reswm neu farn pryd bynnag y gallwch chi. Peidiwch ag ateb 'ydw' neu 'nac ydw' – ja neu nein – yn unig. Dysgwch dair ffordd wahanol o fynegi 'Rwy'n meddwl bod' neu 'Yn fy marn i' yn Almaeneg a cheisiwch ddefnyddio'r ymadroddion hyn yn eich atebion.
- Siaradwch ddigon! Y sgwrs yw eich cyfle chi i ddangos beth rydych chi'n gallu ei wneud.

Dyma rai cwestiynau posibl y gallwch chi baratoi atebion ar eu cyfer. Ewch drostyn nhw yn uchel a gweithiwch ar eich acen.

- Was sind die schlimmsten Sozialprobleme in der Welt? Beth yw'r problemau cymdeithasol gwaethaf yn y byd?
- Was ist deine Lieblingswohltätigkeitsorganistion? Warum? Pa un yw dy hoff elusen? Pam?
- Wie kann man benachteiligten Kindern helfen? Sut mae'n bosibl helpu plant difreintiedig?
- Was hast du in der Schule gemacht, um anderen Leuten zu helfen? Beth rwyt ti wedi'i wneud yn yr ysgol i helpu pobl eraill?
- Was machst du, um Wohltätigkeitsorganisationen zu helfen? Beth rwyt ti'n ei wneud i helpu elusennau?
- Was wirst du in der Zukunft machen, um Wohltätigkeitsorganisationen zu helfen? Beth byddi di'n ei wneud yn y dyfodol i helpu elusennau?

TASG ARHOLIAD

ASTUDIAETH GYFREDOL, ASTUDIAETH YN Y DYFODOL A CHYFLOGAETH

ASTUDIAETH GYFREDOL

Mae is-thema **Astudiaeth Gyfredol** yn cael ei rhannu yn ddwy ran. Dyma rai awgrymiadau am bynciau i'w hadolygu:

BYWYD YSGOL/COLEG

- diwrnod ysgol
- cymharu'r system ysgol mewn gwahanol wledydd
- cyfleusterau'r ysgol
- teithiau ysgol
- clybiau
- rheolau a rheoliadau
- manteision ac anfanteision gwisg ysgol

ASTUDIAETHAU YSGOL/COLEG

- pynciau a safbwyntiau
- arholiadau
- llwyth gwaith
- manteision ac anfanteision gwaith cartref
- problemau astudio
- pwysigrwydd addysg

BYWYD YSGOL/COLEG

Wie findest du deine Schuluniform?
Beth rwyt ti'n ei feddwl am dy wisg ysgol?

Ich denke, dass meine Schuluniform praktisch und ziemlich bequem ist. Es ist eine gute Idee, weil alle Schüler gleich aussehen. Es gibt keinen Unterschied zwischen armen und reichen Schülern. Andererseits verliert man die Individualität.
Rwy'n meddwl bod fy ngwisg ysgol yn ymarferol ac yn eithaf cyfforddus. Mae'n syniad da oherwydd bod y disgyblion i gyd yn edrych yr un peth. Does dim gwahaniaeth rhwng disgyblion tlawd a chyfoethog. Ar y llaw arall, mae personoliaeth yn cael ei cholli.

Was für Aktivitäten machst du nach der Schule?
Pa weithgareddau allgyrsiol rwyt ti'n eu gwneud?

Im Moment mache ich gar nichts, weil ich zu viele Hausaufgaben bekomme, aber letztes Jahr bin ich zum Informatikclub gegangen. Nach meinen Prüfungen möchte ich mehr Aktivitäten machen.
Ar hyn o bryd, dydw i ddim yn gwneud unrhyw beth gan fod gen i ormod o waith cartref, ond y llynedd es i i'r clwb cyfrifiaduron. Ar ôl fy arholiadau, hoffwn i wneud mwy o weithgareddau.

Wie findest du die Lehrer in deiner Schule?
Sut rai yw'r athrawon yn dy ysgol di?

Wir haben Glück, weil unsere Lehrer sehr geduldig sind und uns immer helfen. Jedoch ist meine Chemielehrerin zu streng.
Rydyn ni'n lwcus, oherwydd mae ein hathrawon yn amyneddgar iawn a bob amser yn ein helpu. Fodd bynnag, mae fy athro Cemeg yn rhy lym.

Was hast du gestern in der Schule gemacht?
Beth wnest ti yn yr ysgol ddoe?

Gestern hatte ich zwei Prüfungen, deswegen war ich gestresst. Ich hoffe, dass ich gute Noten bekommen werde!
Ddoe, roedd gen i ddau arholiad, felly roeddwn i dan lawer o straen. Rwy'n gobeithio y byddaf i'n cael marciau da!

Wie wäre deine Traumschule?
Sut un fyddai dy ysgol ddelfrydol?

Meine ideale Schule würde einen großen Sportplatz haben, weil ich sehr sportlich bin. Wir würden auch keine Schuluniform tragen. Der Schultag würde später beginnen, damit ich länger im Bett bleiben könnte.
Byddai gan fy ysgol ddelfrydol faes chwarae mawr, oherwydd rwy'n hoff iawn o chwaraeon. Fyddai dim rhaid i ni wisgo gwisg ysgol. Byddai'r diwrnod ysgol yn dechrau yn hwyrach fel y gallwn i aros yn y gwely yn hirach.

Amser amherffaith

Mewn ysgrifennu mwy ffurfiol, mae'r amser amherffaith yn cael ei ddefnyddio fel arfer i sôn am ddigwyddiadau yn y gorffennol. Mae rhai enghreifftiau yn y darn isod sy'n dod o destun llenyddol:

- Ich fühlte – Roeddwn i'n teimlo
- Ich saß – Roeddwn i'n eistedd

Mae'n ddefnyddiol bod yn gyfarwydd â berfau sy'n cael eu defnyddio'n aml yn yr amser amherffaith:

- Ich hatte – Roedd gen i
- Ich war – Roeddwn i

Mae'n ddefnyddiol hefyd gallu adnabod ffurfiau eraill o'r amser amherffaith, yn enwedig mewn testunau llenyddol.

Atebwch y cwestiynau am y testun llenyddol hwn yn Gymraeg.

Jetzt muss ich wohl erst mal was über mich erzählen. Ich heiße Martin. Eigentlich bin ich ein ganz normaler Junge. Ein bisschen dick vielleicht. Ich trage auch eine Brille. Sie hat zentimeterdicke, viereckige Gläser. Ich hoffe, dass das Ding im Sportunterricht kaputtgeht. Das ist auch der einzige Grund, warum ich überhaupt beim Sport mitmache. Dann bekomme ich eine neue Brille oder Kontaktlinsen.

Ich fühlte mich an diesem ersten Schultag total nervös. Ich saß in der großen Aula mit meiner Mutter.

Und dann …

„Ebermann, Martin", hat der Direktor gesagt.

„Klasse Fünf c."

Ich merkte, wie ich rot wurde. Ich hatte das Gefühl, alle glotzen mich an und lachen.

1. Sut mae Martin yn ei ddisgrifio ei hun? Ysgrifennwch **ddau** fanylyn.
2. Beth yw'r unig reswm pam mae'n cymryd rhan mewn gwersi addysg gorfforol?
3. Sut mae'n teimlo ar ei ddiwrnod cyntaf yn yr ysgol?
4. Am beth mae'n aros yn y neuadd?
5. Sut mae'n teimlo pan gaiff ei enw ei alw?

Gall cwestiynau ar destunau llenyddol fod yn hirach a gofyn am fwy o feddwl na'r cwestiynau ar ddechrau'r papur, felly gwnewch yn siŵr eich bod chi'n gadael digon o amser i'w hateb.

Die Schulgebäude sind ziemlich alt, aber glücklicherweise haben wir moderne Computereinrichtungen.

Mae'r adeiladau yn fy ysgol i yn eithaf hen ond yn ffodus mae gennym ni gyfleusterau cyfrifiadurol modern.

Ich finde die Schulregeln ziemlich streng, aber im Allgemeinen sind sie fair.

Mae rheolau fy ysgol yn eithaf llym, ond ar y cyfan maen nhw'n deg.

Ich denke, dass meine Schule zu streng ist, weil Handys verboten sind.

Rwy'n meddwl bod fy ysgol yn rhy lym oherwydd mae ffonau symudol wedi'u gwahardd.

Die Gründe für Mobbing sind vielfältig.

Mae'r rhesymau dros fwlio yn niferus.

Leider gibt es Mobbing in jeder Schule.

Yn anffodus mae bwlio yn digwydd ym mhob ysgol.

Es ist wirklich schwer, dieses Problem zu lösen, aber Eltern, Schüler und Lehrer müssen zusammenarbeiten.

Mae'n wirioneddol anodd datrys y broblem hon ond mae'n rhaid i rieni, disgyblion ac athrawon weithio gyda'i gilydd.

Ich bin unter Druck, weil ich viele Prüfungen habe.

Rydw i o dan bwysau, oherwydd mae gen i lawer o arholiadau.

Schwänzen ist ein großes Problem in meiner Schule.

Mae mitsio yn broblem fawr yn fy ysgol i.

Nach meiner Ansicht ist der Schultag zu lang.

Yn fy marn i, mae'r diwrnod ysgol yn rhy hir.

Ich bin gegen Schuluniformen, weil sie nicht modisch sind. Im Sommer ist die Jacke viel zu heiß.

Rydw i yn erbyn gwisg ysgol gan nad yw'n ffasiynol. Mae'r siaced yn llawer rhy boeth yn yr haf.

In der Pause treffe ich meine Freunde und ich esse Süßigkeiten.

Yn ystod yr egwyl, rwy'n cyfarfod â'm ffrindiau ac yn bwyta losin/da-da.

In der Mittagspause esse ich in der Kantine. Es gibt eine gute Auswahl und das Essen ist ziemlich gesund – zum Beispiel keine Pommes!

Amser cinio, rwy'n bwyta yn y ffreutur. Mae llawer o ddewis ac mae'r prydau yn eithaf iach – er enghraifft, dim sglodion!

Efallai y bydd gofyn i chi ddisgrifio eich diwrnod ysgol yn eich arholiad siarad neu ysgrifennu. Edrychwch ar y disgrifiad hwn:
Die Schule beginnt um neun Uhr und endet um drei Uhr. Es gibt fünf Stunden pro Tag und jede Stunde dauert fünfzig Minuten. Die Pause ist um elf Uhr und Mittagessen ist um halb eins.

Ceisiwch beidio â rhoi atebion fel hyn drwy'r amser. Mae'r Almaeneg yn gywir ond mae'n un rhestr hir! Nid oes barn, na chyfiawnhad, na rhesymau ac mae'r cyfan yn defnyddio un amser y ferf. Byddai hwn yn ateb llawer gwell:

Die Schule beginnt um neun Uhr und endet um drei Uhr. Meiner Meinung nach ist der Schultag zu lang. Es gibt fünf Stunden pro Tag und jede Stunde dauert fünfzig Minuten. Gestern hatte ich eine Dopplestunde Mathe. Ich habe das langweilig gefunden. Die Pause ist um elf Uhr. Normalerweise spiele ich Fußball auf dem Schulhof.

Cofiwch:
Yn eich chwarae rôl, bydd yn rhaid i chi ddefnyddio'r amser presennol yn ogystal ag o leiaf un amser arall. Cadwch olwg am eiriau 'sbardun' sy'n dangos i chi pa amser i'w ddefnyddio – e.e. mae ddoe a'r penwythnos diwethaf yn dangos bod angen i chi ddefnyddio'r amser gorffennol, ac mae yfory a'r wythnos nesaf yn dangos bod angen i chi ddefnyddio'r amser dyfodol.

Os nad oes geiriau sbardun – fel yn y ddau bwynt bwled cyntaf sy'n dilyn – bydd angen i chi ddefnyddio'r amser presennol.

- Disgrifiwch eich ysgol.
- Rhowch eich barn am wisg ysgol.
- Dywedwch beth wnaethoch chi amser egwyl ddoe.
- Dywedwch pa waith cartref wnaethoch chi yr wythnos diwethaf.
- Dywedwch beth byddwch chi'n ei wneud yfory ar ôl yr ysgol.
- Dywedwch pa bynciau byddwch chi'n eu hastudio yr wythnos nesaf.

TASG ARHOLIAD

ASTUDIAETHAU YSGOL/COLEG

Was ist dein Lieblingsfach? Warum?
Beth yw dy hoff bwnc? Pam?

Im Augenblick ist mein Lieblingsfach Geschichte, weil die Arbeit faszinierend ist und der Lehrer lustig ist. Meine Freunde sind auch in dieser Klasse und zum Glück bekommen wir selten Hausaufgaben.
Fy hoff bwnc ar hyn o bryd yw Hanes gan fod y gwaith yn ddiddorol iawn ac mae'r athro yn ddoniol. Mae fy ffrindiau yn y dosbarth hwn hefyd, ac yn ffodus, yn anaml rydyn ni'n cael gwaith cartref.

Findest du Prüfungen wichtig?
Wyt ti'n meddwl bod arholiadau yn bwysig?

Die Prüfungen sind total wichtig, wenn man erfolgreich sein will. Ich werde Nachhilfe für Mathe bekommen, weil meine Noten nicht gut genug sind.
Mae arholiadau yn hanfodol os ydych chi eisiau bod yn llwyddiannus. Byddaf i'n cael gwersi preifat mewn Mathemateg achos dydy fy ngraddau i ddim yn ddigon da.

Ist das Schulleben stressig?
Ydy bywyd ysgol yn llawn straen?

Ja. Meine Eltern und Lehrer setzen mich unter Druck. Alles ist stressig! Man muss immer härter arbeiten, um erfolgreich zu sein. Wir bekommen täglich Hausaufgaben und ich habe keine Freizeit.
Ydy. Mae fy rhieni a'm hathrawon yn rhoi pwysau arna i. Mae popeth yn straen! Mae'n rhaid i chi weithio'n fwy ac yn fwy caled i fod yn llwyddiannus. Rydyn ni'n cael gwaith cartref bob dydd a does gen i ddim amser rhydd.

Was hast du letztes Wochenende gemacht?
Beth wnest ti y penwythnos diwethaf?

Ich wollte ins Kino gehen, aber ich hatte keine Zeit. Ich musste das ganze Wochenende Schularbeit machen. Es war anstrengend und langweilig.
Roeddwn i eisiau mynd i'r sinema ond doedd gen i ddim amser. Roedd yn rhaid i mi wneud gwaith ysgol drwy'r penwythnos. Roedd yn flinedig ac yn ddiflas.

Was wirst du nächstes Jahr lernen?
Beth rwyt ti'n mynd i'w astudio y flwyddyn nesaf?

Ich habe immer gute Noten in Naturwissenschaften bekommen und ich mache gern Experimente. Ich werde Biologie weiterlernen, aber ich muss noch zwischen Chemie und Physik wählen. Ich werde Erdkunde abwählen, weil es mich überhaupt nicht interessiert.
Rydw i bob amser wedi cael graddau da mewn Gwyddoniaeth ac rwy'n hoffi gwneud arbrofion. Rwy'n mynd i barhau â Bioleg ond mae dal angen i mi ddewis rhwng Cemeg a Ffiseg. Rwy'n mynd i ollwng Daearyddiaeth oherwydd does gen i ddim diddordeb ynddo o gwbl.

Nawr, ewch ati i ymarfer eich strategaethau dewis lluosog ar y dasg hon.
Wähle die richtige Antwort.

TASG ARHOLIAD

Bethan: Ich finde englische Grammatik schwer zu verstehen. Ich würde lieber Spanisch lernen, weil es einfacher ist.

Paul: Chemie finde ich schwer. Ich möchte nächstes Jahr Biologie studieren, weil ich in der Zukunft als Tierarzt arbeiten will.

Emine: Ich mache viermal pro Woche Sport, deswegen habe ich keine Lust, Sport auch in der Schule zu studieren. Ich würde lieber etwas Kreatives studieren.

Florian: Ich habe keine Zeit, viele Bücher zu lesen. Ich hätte gern keine Deutschstunden!

1. Bethan möchte … lernen.
   a. Englisch
   b. eine neue Fremdsprache
   c. Grammatik
2. Paul will mit … arbeiten.
   a. Tieren
   b. Kindern
   c. Computern
3. Emine möchte … studieren.
   a. Sport
   b. Mathe
   c. Kunst
4. Florian braucht …
   a. neue Bücher.
   b. mehr Zeit.
   c. Hilfe.

Rydych chi'n debygol o gael o leiaf un cwestiwn dewis lluosog yn eich arholiad darllen a/neu gwrando.
Gall y cwestiwn fod yn Gymraeg neu yn Almaeneg neu gall ddefnyddio lluniau. Awgrymiadau:

- Peidiwch ag ateb yn rhy fuan! Gwnewch yn siŵr eich bod chi'n darllen yr opsiynau **i gyd** cyn dewis eich ateb. Peidiwch â stopio pan ddewch chi at yr ateb sy'n ymddangos yr un mwyaf tebygol.
- Gall rhai o'r atebion fod yn ceisio eich twyllo chi'n fwriadol! Gall sawl dewis ymddangos yn gywir, felly mae'n bwysig darllen y testun a'r cwestiynau yn ofalus.
- Os nad ydych chi'n siŵr am ateb, dyfalwch … ond gwnewch hynny'n bwyllog. Dilëwch rai dewisiadau rydych chi'n gwybod eu bod nhw'n anghywir. Ceisiwch gyfyngu'r ateb i un neu ddau ddewis ac yna cymharwch nhw. Yn olaf, gwnewch benderfyniad cytbwys.

ASTUDIAETHAU YSGOL/COLEG

Ich bin gut in der Schule und ich gebe immer mein Bestes.	Rwy'n dda yn yr ysgol ac rydw i bob amser yn gwneud fy ngorau.
Der Lehrer erklärt alles gut und ich finde die Stunden motivierend.	Mae'r athro'n esbonio'n dda ac mae'r gwersi bob amser yn fy ysgogi.
Ich langweile mich in der Stunde und der Lehrer gibt uns immer viele Hausaufgaben.	Rwy'n diflasu yn y wers ac mae'r athro bob amser yn rhoi llawer o waith cartref i ni.
Die Stunden sind nie interessant.	Dydy'r gwersi byth yn ddiddorol.
Dieses Fach wird in der Zukunft (nicht) nützlich sein.	Bydd/ni fydd y pwnc hwn yn ddefnyddiol i mi yn y dyfodol.
Ich bin stark in Musik und ich spiele im Orchester.	Rwy'n dda mewn Cerddoriaeth ac rwy'n chwarae yn y gerddorfa.
Ich bin schwach in Kunst und bekomme immer schlechte Noten.	Dydw i ddim yn dda mewn Celf, ac rydw i bob amser yn cael graddau gwael.
Ich habe immer gern Mathe gelernt, weil ich gern rechne.	Rydw i wedi mwynhau Mathemateg erioed, gan fy mod i'n hoffi gwneud symiau.
Manche Fächer sind wichtig, um einen guten Beruf zu finden, zum Beispiel Fremdsprachen.	Mae rhai pynciau'n hanfodol ar gyfer dod o hyd i swydd dda, er enghraifft, ieithoedd tramor.
Ich kann mich in der Klasse nicht konzentrieren.	Dydw i ddim yn gallu canolbwyntio yn y dosbarth.
Ich bin immer nervös, wenn ich eine Prüfung habe.	Rydw i bob amser yn nerfus pan fydd arholiad gen i.
Wenn ich gestresst bin, kann ich nicht schlafen.	Pan fyddaf i dan straen, dydw i ddim yn gallu cysgu.
Ich glaube, dass Deutsch wichtiger als Französisch ist.	Rwy'n meddwl bod Almaeneg yn bwysicach na Ffrangeg.
Ich würde gern eine neue Fremdsprache lernen.	Hoffwn i ddysgu iaith dramor newydd.
Letztes Jahr war mein Englischlehrer streng und nervig.	Y llynedd roedd fy athro Saesneg yn llym ac yn fy ngwylltio.
In der Grundschule waren meine Lehrer sehr hilfsbereit. Die Stunden haben Spaß gemacht.	Yn yr ysgol gynradd, roedd fy athrawon yn barod iawn i helpu. Roedd y gwersi'n hwyl.
Ich habe früher Chemie gelernt, aber es war zu schwierig.	O'r blaen, roeddwn i'n arfer astudio Cemeg ond roedd yn rhy anodd.

Cofiwch y byddwch chi'n cael eich marcio am gywirdeb ar yr Haen Sylfaenol a'r Haen Uwch.

Gwiriwch y sillafu, yr acenion, cenedl enwau, ffurfiau'r lluosog a'r amserau yn ofalus.

Cofiwch gynnwys amserau ychwanegol, os oes modd, i ddangos eich gwybodaeth ramadegol. Yn y dasg hon, er enghraifft, gofynnir i chi ysgrifennu am eich ysgol gynradd (amser gorffennol) a'ch cynlluniau ar gyfer mis Medi (amser dyfodol). Yna, beth am geisio siarad am eich ysgol ddelfrydol neu beth hoffech chi ei wneud yn y dyfodol hefyd (amser amodol)?

Fel yn achos rhan sgwrsio yr arholiad siarad, dyma eich cyfle chi i ddangos beth rydych chi'n gallu ei wneud. Os nad ydych chi'n hollol siŵr sut mae dweud rhywbeth, ysgrifennwch ef mewn ffordd arall – does dim rhaid iddo fod yn wir cyn belled â'i fod yn gwneud synnwyr!

Chi sy'n rheoli'r arholiad ysgrifennu ond peidiwch ag ysgrifennu beth rydych chi eisiau yn unig ar gyfer y dasg hon – gwnewch yn siŵr eich bod chi'n ateb y cwestiwn ac yn treulio'r un faint o amser ar y tri phwynt bwled!

TASG ARHOLIAD

Schreibe einen Artikel für die Schulwebseite. Gib Information und Meinungen zu folgenden Themen:
- wie deine Grundschule war
- wie deine Schule ist
- welche Fächer du nächstes Jahr lernen wirst

ASTUDIAETH GYFREDOL, ASTUDIAETH YN Y DYFODOL A CHYFLOGAETH

MENTER, CYFLOGADWYEDD A CHYNLLUNIAU AR GYFER Y DYFODOL

Mae is-thema **Menter, Cyflogadwyedd a Chynlluniau ar gyfer y Dyfodol** yn cael ei rhannu yn bedair rhan. Dyma rai awgrymiadau am bynciau i'w hadolygu:

CYFLOGAETH
- manteision ac anfanteision cyflogaeth a phrofiad gwaith
- cynilo arian
- arian poced
- gwaith gwirfoddol
- swyddi rhan amser
- sut rydych chi'n gwario'r arian rydych chi'n ei ennill

SGILIAU A RHINWEDDAU PERSONOL
- nodweddion personoliaeth
- sgiliau personol
- sgiliau ar gyfer gwahanol swyddi
- llythyrau cais
- cyfweliadau swydd

ASTUDIAETH ÔL-16
- ceisiadau am swyddi a choleg
- llythyrau ffurfiol
- CVs
- cyfweliadau – e.e. ar gyfer gwaith, y coleg a'r brifysgol
- hysbysebion swyddi a chyrsiau

CYNLLUNIAU GYRFA
- opsiynau hyfforddi ac astudio
- cyfleoedd gwaith
- gweithio dramor
- cynlluniau ar gyfer y dyfodol
- cyfweliad mewn asiantaeth gyflogaeth

CYFLOGAETH

Was machst du, um Geld zu verdienen?
Beth rwyt ti'n ei wneud i ennill arian?

Früher habe ich in einem Geschäft gearbeitet und ich habe viel Geld verdient, aber jetzt habe ich zu viel Schularbeit. Ich habe Glück, weil ich jede Woche Taschengeld von meinen Eltern bekomme, wenn ich im Haushalt helfe.
O'r blaen, roeddwn i'n arfer gweithio mewn siop ac roeddwn i'n ennill llawer o arian ond nawr mae gen i ormod o waith ysgol. Rwy'n lwcus gan fod fy rhieni yn rhoi arian poced i mi bob wythnos os byddaf i'n helpu gartref.

Ist es wichtig, in den Schulferien zu arbeiten?
A yw hi'n bwysig gweithio yn ystod gwyliau'r ysgol?

Im Allgemeinen glaube ich, dass es eine gute Idee ist, wenn junge Leute in den Schulferien arbeiten. Man hat die Möglichkeit, etwas Neues zu lernen und Geld zu verdienen.
Yn gyffredinol, rwy'n meddwl ei bod hi'n syniad da i bobl ifanc weithio yn ystod gwyliau'r ysgol. Mae'n rhoi cyfle iddyn nhw ddysgu pethau newydd ac ennill arian.

Was sind die Nachteile von einem Teilzeitjob?
Beth yw anfanteision cael swydd ran amser?

Meine Freunde sagen, dass ihre Jobs schlecht bezahlt sind. Die Arbeit kann eintönig sein und man kann weniger Zeit für Hausaufgaben haben.
Mae fy ffrindiau yn dweud wrtha i fod eu swyddi'n talu'n wael. Gall y gwaith fod yn undonog ac mae gennych chi lai o amser ar gyfer gwaith cartref.

Möchtest du einen Sommerjob?
Hoffet ti gael swydd haf?

Ich möchte im Freien als Schwimmlehrer(in) arbeiten. Ich würde gern mit Kindern arbeiten.
Hoffwn i weithio yn yr awyr agored fel hyfforddwr nofio. Hoffwn i weithio gyda phlant.

Hast du Arbeitspraktikum gemacht?
Wyt ti wedi gwneud profiad gwaith?

Nein, ich habe kein Arbeitspraktikum gemacht. In der Zukunft möchte ich als Journalist(in) arbeiten. Ich hätte gern Erfahrungen bei einer Zeitung gemacht.
Nac ydw, dydw i erioed wedi gwneud profiad gwaith. Yn y dyfodol, hoffwn i fod yn newyddiadurwr. Byddwn i wedi hoffi cael profiad gyda phapur newydd.

Mae tair ffordd o ddweud **ti/chi** yn Almaeneg:

1. Du yw'r fersiwn anffurfiol os ydych chi'n siarad ag un person.
    Wo arbeitest **du**? Ble rwyt ti'n gweithio?
2. Ihr yw'r fersiwn anffurfiol os ydych chi'n siarad â dau berson neu fwy.
    Wo arbeitet **ihr**? Ble rydych chi'n gweithio?
3. Sie yw'r fersiwn ffurfiol.
    Wo arbeiten **Sie**? Ble rydych chi'n gweithio?

AMADEG

Du **neu** Sie?

Ailysgrifennwch y cwestiynau gan ddefnyddio'r ffurf Sie (ffurfiol) yn lle'r ffurf du (anffurfiol).

1. Machst du gern Prüfungen?
2. Arbeitest du gern mit Kindern?
3. Wo möchtest du studieren?
4. Bekommst du Taschengeld?
5. Bist du kreativ?
6. Hast du genug Geld?

TASG ARHOLIAD

Atebwch y cwestiynau yn Gymraeg.

Mein Name ist Angela. Ich werde nächsten Monat ein Arbeitspraktikum in einer Grundschule machen. Ich freue mich darauf, obwohl ich auch ein bisschen nervös bin. Das wäre gut für meinen Lebenslauf. Ich arbeite gern mit Kindern und in der Zukunft möchte ich als Sportlehrerin in einer Gesamtschule arbeiten. Ich werde auch gute Qualifikationen brauchen, aber ich möchte so viel Berufserfahrung wie möglich bekommen. In meiner Gegend ist es schwer, einen Job zu finden. Es gibt eine hohe Arbeitslosigkeit, besonders unter Jugendlichen. Ich muss morgen die Schule telefonieren, um Details über den Arbeitstag und so weiter herauszufinden. Ich werde auch fragen, was ich tragen soll.

1. Beth mae Angela yn ei wneud y mis nesaf?
2. Pam mae hi'n edrych ymlaen ato? Ysgrifennwch **ddau** fanylyn.
3. Pa broblem sydd yn ei hardal hi?
4. Beth mae angen iddi ffeindio allan? Ysgrifennwch **ddau** fanylyn.

CYFLOGAETH

Es ist wichtig, Erfahrung in der Arbeitswelt zu bekommen.	Mae'n bwysig cael profiad o'r byd gwaith.
Ich habe den ganzen Tag an der Kasse gearbeitet.	Gweithiais i drwy'r dydd ar y til.
Man muss hart in der Schule arbeiten, um die Prüfungen zu bestehen. Ich habe keine Zeit für einen Teilzeitjob.	Mae'n rhaid i chi weithio'n galed yn yr ysgol i basio arholiadau. Does gen i ddim amser ar gyfer swydd ran amser.
Mein Arbeitspraktikum hat mir gut gefallen.	Fe wnes i wir fwynhau fy mhrofiad gwaith.
Ich habe mich gut mit meinem Manager verstanden, obwohl er manchmal ungeduldig war.	Roeddwn i'n dod ymlaen yn dda gyda fy mòs, er ei fod yn ddiamynedd weithiau.
Früher haben alle Schüler ein Arbeitspraktikum gemacht, aber jetzt ist es nicht möglich in meiner Schule.	O'r blaen, roedd y disgyblion i gyd yn arfer gwneud profiad gwaith, ond nawr nid yw'n bosibl yn fy ysgol i.
Ich möchte meine Fremdsprachenkenntnisse in meinem zukünftigen Beruf benutzen.	Hoffwn i ddefnyddio fy sgiliau ieithoedd tramor yn fy ngyrfa yn y dyfodol.
Ich lerne neue Leute bei der Arbeit kennen und ich langweile mich nie.	Rwy'n cyfarfod â phobl newydd yn y gwaith a dydw i byth yn diflasu.
Der Arbeitstag hat früh begonnen und die Pausen waren zu kurz.	Dechreuodd y diwrnod gwaith yn gynnar ac roedd y cyfnodau egwyl yn rhy fyr.
Ich spare Geld, wenn ich kann.	Rwy'n cynilo arian, pan fyddaf i'n gallu.
Sie können dann entscheiden, ob sie das Geld ausgeben oder sparen möchten.	Gallan nhw benderfynu wedyn a hoffen nhw wario neu gynilo'r arian.
Ich gebe mein Taschengeld sofort aus und ich spare nie.	Rwy'n gwario fy arian poced yn syth a dydw i byth yn cynilo.
Kinder und Jugendliche können durch Taschengeld lernen, wie man mit seinem Geld umgeht.	Gall plant a phobl ifanc ddysgu sut i ddelio ag arian drwy gael arian poced.
Sie bekommen mehr Verantwortung und werden unabhängiger.	Mae ganddyn nhw fwy o gyfrifoldeb ac maen nhw'n dod yn fwy annibynnol.
Wenn ich mehr Zeit hätte, würde ich eine Teilzeitjob finden.	Pe bai gen i fwy o amser, byddwn i'n dod o hyd i swydd ran amser.

Mynegi barn:

Meiner Meinung nach/Nach meiner Ansicht – Yn fy marn i
Ich denke, dass … – Rwy'n meddwl bod …
Ich glaube, dass … – Rwy'n credu bod …
Ich finde, dass … – Rwy'n ffeindio bod …
Es scheint mir, dass … – Mae'n ymddangos i mi bod …
Man sagt, dass … – Maen nhw'n dweud bod …
Ich weiß, dass … – Rwy'n gwybod bod …
Was ich am liebsten/wenigsten mag, ist … – Beth rwy'n ei hoffi fwyaf/leiaf yw …

Atebwch y cwestiynau yn Almaeneg.

- Beschreibe das Foto./Was passiert auf diesem Foto? Disgrifia'r llun./Beth sy'n digwydd yn y llun?
- Ist es wichtig, viel Geld zu verdienen? Warum (nicht)? A yw hi'n bwysig ennill llawer o arian? Pam (ddim)?
- Junge Leute brauchen Erfahrungen in der Arbeitswelt. Was sagst du dazu? Mae angen profiad o'r byd gwaith ar bobl ifanc. Beth yw dy farn di?
- Möchtest du einen Teilzeitjob? Warum (nicht)? Hoffet ti gael swydd ran amser? Pam (ddim)?

Ymadroddion defnyddiol ar gyfer disgrifio llun:

auf diesem Foto – yn y llun
ich sehe – rwy'n gweld
es gibt – mae (yna)
man kann … sehen – gallwch chi weld
es zeigt – mae'n dangos
im Hintergrund – yn y cefndir
im Vordergrund – yn y tu blaen

SGILIAU A RHINWEDDAU PERSONOL

Welche persönlichen Qualitäten hast du?
Beth yw dy rinweddau personol?

Meine Lehrer würden sagen, dass ich immer freundlich und fleißig bin. Ich kann sowohl mit Kindern als auch mit Erwachsenen reden.
Byddai fy athrawon yn dweud fy mod bob amser yn gyfeillgar ac yn gweithio'n galed. Rwy'n gallu siarad â phlant ac oedolion.

Welche Fähigkeiten hast du für die Arbeitswelt?
Pa sgiliau sydd gen ti ar gyfer y byd gwaith?

Meiner Meinung nach arbeite ich gut in einem Team, weil ich mit anderen Leuten gut auskomme. Ich habe auch gute Kommunikationsfähigkeiten.
Yn fy marn i, rwy'n gweithio'n dda mewn tîm gan fy mod i'n cyd-dynnu'n dda â phobl eraill. Mae gen i hefyd sgiliau cyfathrebu da.

Welche Fähigkeiten suchen Arbeitgeber?
Pa sgiliau mae cyflogwyr yn chwilio amdanyn nhw?

Wenn man einen guten Beruf finden will, muss man wenigstens eine Fremdsprache sprechen. Um erfolgreich zu sein, muss man risikobereit sein.
Os ydych chi eisiau dod o hyd i swydd dda, mae'n well siarad o leiaf un iaith dramor. I fod yn llwyddiannus, mae'n rhaid i chi fod yn barod i gymryd risgiau.

Arbeitest du lieber alleine oder in einer Gruppe?
A yw'n well gen ti weithio ar dy ben dy hun neu mewn grŵp?

Ich arbeite lieber alleine, weil ich unabhängig bin. Es nervt mich, wenn mir andere Leute nicht zuhören. In einer Gruppe gibt es zu viel Streit.
Mae'n well gen i weithio ar fy mhen fy hun, achos rwy'n annibynnol. Mae'n fy ngwylltio i pan nad yw pobl eraill yn gwrando arna i. Mae gormod o ddadleuon mewn grŵp.

Welche Fähigkeiten möchtest du in der Zukunft lernen?
Pa sgiliau hoffet ti eu dysgu yn y dyfodol?

> Ich möchte meine Fremdsprachenkenntnisse verbessern und würde gerne im Ausland wohnen. Ich werde nächstes Jahr Fahrstunden nehmen, weil es nützlich ist, einen Führerschein zu haben.
> Hoffwn i wella fy sgiliau ieithoedd tramor a hoffwn i fyw dramor. Byddaf i'n cael gwersi gyrru y flwyddyn nesaf gan ei bod hi'n ddefnyddiol cael trwydded yrru.

Pan fyddwch chi'n siarad am eich sgiliau a'ch rhinweddau personol, yn aml bydd angen i chi roi enghreifftiau i ddarlunio'r pwyntiau rydych chi'n eu gwneud.
Dyma rai ymadroddion defnyddiol yn Almaeneg:

zum Beispiel – er enghraifft
wie – fel
beispielweise – fel enghraifft
laut – yn ôl *(according to)*
entweder … oder … – naill ai … neu …
als Beispiel nehmen wir … – fel enghraifft gadewch i ni gymryd …
es ist klar, dass – mae'n amlwg bod
darüber hinaus – ar ben hynny

G ARHOLIAD

Parwch 1–10 ag a–g.

1. Kreativität
2. Teamfähigkeit
3. Sprachkenntnisse
4. Selbständigkeit
5. Intelligenz
6. Flexibilität
7. Lernbereitschaft – Man lernt gern neue Dinge
8. Pünktlichkeit
9. Kommunikationsfähigkeit
10. Motivation

a. bob amser yn brydlon
b. deallusrwydd
c. creadigrwydd
ch. sgiliau iaith
d. cymhelliant
dd. sgiliau cyfathrebu
e. awyddus i ddysgu
f. hyblygrwydd
ff. annibyniaeth
g. sgiliau tîm

Ich passe mich leicht an neue Situationen an.	Rwy'n addasu'n hawdd i sefyllfaoedd newydd.
Ich habe ausgezeichnete Kommunikationsfähigkeiten.	Mae gen i sgiliau cyfathrebu gwych.
Ich bin immer bereit, etwas Neues zu lernen.	Rydw i bob amser yn barod i ddysgu rhywbeth newydd.
Man kann nützliche Kontakte finden.	Gallwch chi ddod o hyd i gysylltiadau defnyddiol.
Ich bin sehr praktisch und arbeite gern mit meinen Händen.	Rwy'n ymarferol iawn ac rwy'n hoffi gweithio gyda fy nwylo.
Ich muss meine Computerkenntnisse verbessern.	Mae angen i mi wella fy sgiliau cyfrifiadurol.
Ich möchte meine Sprachkenntnisse verbessern.	Hoffwn i wella fy sgiliau iaith.
Ich kann zwischen den Zeilen lesen und Probleme lösen.	Rwy'n gallu darllen rhwng y llinellau a datrys problemau.
Ick kann Kritik akzeptieren, wenn sie konstruktiv ist.	Rwy'n gallu derbyn beirniadaeth, pan fydd yn adeiladol.
Ich strebe danach, alle meine Ziele zu erreichen.	Rwy'n ymdrechu i gyflawni fy nodau i gyd.
Ich habe mir für die Zukunft anspruchsvolle Ziele gesetzt.	Rydw i wedi gosod nodau uchelgeisiol i mi fy hun ar gyfer y dyfodol.
Die meisten Leute finden es leicht, ihre positiven Qualitäten zu nennen.	Mae'r rhan fwyaf o bobl yn ei chael hi'n hawdd enwi eu rhinweddau cadarnhaol.
Man muss gut zuhören und Ideen von anderen akzeptieren.	Mae angen i chi wrando'n dda a derbyn syniadau pobl eraill.
Ich kann mehrere Dinge gleichzeitig machen.	Rwy'n gallu gwneud sawl peth yr un pryd.
Ich war schon immer sehr motiviert.	Rydw i wedi bod â chymhelliant cryf erioed.
Als ich jünger war, war ich nicht ehrgeizig.	Pan oeddwn i'n iau, doeddwn i ddim yn uchelgeisiol.

Bydd angen i chi ddefnyddio geirfa addas i bwysleisio pwynt rydych chi'n ei wneud.
Dyma rai ymadroddion defnyddiol yn Almaeneg:

vor allem – yn bennaf oll
besonders – yn enwedig
insbesondere – yn arbennig
nämlich – yn benodol/sef
selbst wenn – hyd yn oed os
wobei – tra/lle
tatsächlich – mewn gwirionedd
außerdem – yn ogystal

Ysgrifennwch un frawddeg lawn yn Almaeneg ar gyfer pob swydd:

- meddyg
- athro/athrawes
- peilot
- swyddog yr heddlu
- ysgrifennydd
- technegydd TG

Edrychwch ar y dasg arholiad ar dudalen 95. Ceisiwch ddefnyddio peth o'r eirfa i'ch helpu yma.

TASG ARHOLIAD

ASTUDIAETH ÔL-16

Möchtest du nächstes Jahr in der Schule weiterlernen?
Wyt ti eisiau parhau i astudio y flwyddyn nesaf?

Meiner Meinung nach ist das Schulleben stressig, aber ich will in der Zukunft einen guten Beruf haben, deswegen werde ich weiterlernen. Ich werde Englisch, Geschichte und Französisch lernen.
Yn fy marn i, mae bywyd ysgol yn achosi straen ond rwy'n bwriadu dod o hyd i swydd dda yn y dyfodol, felly byddaf i'n parhau â'm hastudiaethau y flwyddyn nesaf. Rwy'n mynd i astudio Saesneg, Hanes a Ffrangeg.

Möchtest du auf die Universität gehen? Warum (nicht)?
Hoffet ti fynd i'r brifysgol? Pam (ddim)?

Als ich jünger war, wollte ich auf die Uni gehen, um Jura zu studieren, aber jetzt habe ich mich anders entschieden. Die Studiengebühren sind zu teuer.
Pan oeddwn i'n iau, roeddwn i eisiau mynd i'r brifysgol i astudio'r gyfraith, ond nawr rydw i wedi newid fy meddwl. Mae'r ffioedd yn rhy ddrud.

Ist es wichtig für junge Leute, auf die Universität zu gehen?
A yw hi'n bwysig bod pobl ifanc yn mynd i'r brifysgol?

Ja, natürlich. Es kann nützlich sein, ein Diplom zu haben, aber Arbeitgeber wollen auch Arbeiter, die nicht nur gute Qualifikationen, sondern auch Berufserfahrung haben.
Ydy, wrth gwrs. Gall fod yn ddefnyddiol bod â gradd, ond mae cyflogwyr eisiau gweithwyr sydd nid yn unig â chymwysterau da ond sydd hefyd â phrofiad gwaith.

Ist ein Auslandsjahr eine gute Idee?
Ydy blwyddyn dramor yn syniad da?

Ein Auslandsjahr ist eine tolle Möglichkeit, um die Welt zu sehen. Man könnte eine neue Fremdsprache lernen, reisen oder im Ausland arbeiten.
Mae blwyddyn dramor yn gyfle anhygoel i weld y byd. Gallech chi ddysgu iaith newydd, teithio neu weithio dramor.

Ist das Studentenleben zu teuer? Warum (nicht)?

A yw bywyd myfyriwr yn rhy ddrud? Pam (ddim)?

> Meine Schwester hat ihr Studium erfolgreich abgeschlossen, aber sie hat jetzt hohe Schulden und ist im Moment arbeitslos. Ich würde lieber eine Lehre machen – vielleicht als Mechaniker(in).
> Llwyddodd fy chwaer i gwblhau ei gradd, ond nawr mae ganddi lawer o ddyled ac ar hyn o bryd mae'n ddi-waith. Byddai'n well gen i wneud prentisiaeth – fel mecanig efallai.

Yn yr uned hon, efallai y bydd angen i chi ddeall a defnyddio iaith berswâd a byddwch chi eisiau gofyn cwestiynau hefyd.

Dyma rai ymadroddion defnyddiol yn Almaeneg:

Mynegi gobaith

- Ich hoffe, dass ... – Rwy'n gobeithio bod …

Gofyn am/rhoi gwybodaeth

- Könnten Sie mir sagen ...? – Allech chi ddweud wrtha i …?
- Gibt es ...? – Oes (yna) …?
- Um wieviel Uhr ...? – Am faint o'r gloch …?

Mynegi bwriad

- Ich werde + **berfenw** (ar ddiwedd brawddeg) – Rwy'n mynd i
- Ich habe vor – Rwy'n bwriadu

Mynegi diddordeb

- Ich interessiere mich für – Mae gen i ddiddordeb mewn
- Ich habe eine Leidenschaft für – Rwy'n frwd dros

Cyfieithwch y brawddegau canlynol i'r Gymraeg:

1. Ich musste einen Bewerbungsbrief schreiben. Er war zu lang.
2. Mein Onkel hatte letzte Woche ein Bewerbungsgespräch und er war sehr nervös.
3. Meine Lehrer waren wirklich hilfsbereit.
4. Ich möchte eine neue Sprache lernen. Leider habe ich nicht genug Zeit.
5. Mein Lebenslauf ist ziemlich interessant.

Cadwch olwg am gryfhawyr – e.e. zu (rhy), wirklich (gwirioneddol), sehr (iawn), ziemlich (eithaf) – a gwnewch yn siŵr eich bod chi'n eu cyfieithu.

Ich werde an einer anderen Schule weiterlernen.	Byddaf i'n astudio mewn ysgol arall.
Für die meisten jungen Leute sind Studiengebühren zu teuer.	I'r rhan fwyaf o bobl ifanc, mae ffioedd dysgu yn rhy ddrud.
Ich würde lieber die Schule verlassen und meine eigene Firma gründen.	Byddai'n well gen i adael yr ysgol a sefydlu fy musnes fy hun.
Meine Eltern glauben, dass Qualifikationen am wichtigsten sind.	Mae fy rhieni'n credu mai cymwysterau yw'r peth pwysicaf.
Vielleicht werde ich im Ausland studieren.	Efallai byddaf i'n astudio dramor.
Ich werde die Schule verlassen und arbeiten, um Geld zu verdienen.	Rwy'n mynd i adael yr ysgol a gweithio i ennill ychydig o arian.
Ich möchte ein Auslandsjahr machen.	Hoffwn i dreulio blwyddyn dramor.
Ich möchte weiterstudieren, aber ich weiß nicht, welche Universität am besten für mich ist.	Byddwn i'n hoffi parhau i astudio ond dydw i ddim yn gwybod pa brifysgol sydd orau i mi.
Arbeitgeber haben keine Zeit, einen langen Lebenslauf zu lesen.	Does gan gyflogwyr ddim amser i ddarllen CV hir.
Grammatikfehler machen einen schlechten Eindruck.	Mae gwallau gramadegol yn creu argraff wael.
Man muss die Wahrheit sagen.	Mae'n rhaid i chi ddweud y gwir.
Ich habe die Anzeige auf der Webseite gelesen.	Darllenais i'r hysbyseb ar y wefan.
Man braucht kein Diplom für viele Berufe.	Does dim angen gradd arnoch chi ar gyfer llawer o swyddi.
Ich will meine Prüfungen bestehen und erfolgreich sein.	Rydw i eisiau pasio fy arholiadau a bod yn llwyddiannus.
Freiwilligenarbeit kann bei der Berufsentscheidung helfen.	Gall gwaith gwirfoddol eich helpu chi i wneud penderfyniad o ran eich gyrfa.
Ich hoffe, dass ich meine Prüfungen bestehen werde.	Rwy'n gobeithio y byddaf i'n pasio fy arholiadau.
Wenn ich meine Prüfungen nicht bestehe, werde ich eine Lehre machen.	Os nad ydw i'n pasio fy arholiadau, byddaf i'n gwneud prentisiaeth.

Yn yr arholiad siarad, peidiwch â phoeni os nad ydych chi'n deall y cwestiwn i ddechrau. Fyddwch chi ddim yn colli marciau os gofynnwch chi i'r athro/athrawes ailadrodd beth ddywedon nhw.

Dyma rai ymadroddion defnyddiol yn Almaeneg:

- Ich habe … nicht verstanden – Wnes i ddim deall …
- Ich verstehe … nicht – Dydw i ddim yn deall …
- Kannst du das bitte wiederholen? – Alli di ailadrodd hynny, os gweli di'n dda? (anffurfiol)
- Können Sie das bitte wiederholen? – Allwch chi ailadrodd hynny, os gwelwch yn dda? (ffurfiol/cwrtais)
- Was bedeutet das? – Beth yw ystyr hynny?
- Wie bitte?/Bitte? – Mae'n ddrwg gen i?
- Es tut mir leid – Mae'n flin gen i
- Was hast du gesagt? – Beth ddywedaist ti? (anffurfiol)
- Was haben Sie gesagt? – Beth ddywedoch chi? (ffurfiol/cwrtais)

TASG ARHOLIAD

Dyma rai enghreifftiau o gwestiynau sgwrs:
- Möchtest du nächstes Jahr weiterstudieren? Warum (nicht)? Wyt ti eisiau parhau i astudio y flwyddyn nesaf? Pam (ddim)?
- Was möchtest du als Beruf machen? Beth rwyt ti eisiau ei wneud fel swydd?
- Möchtest du zur Universität gehen? Warum (nicht)? Wyt ti eisiau mynd i'r brifysgol? Pam (ddim)?
- Warum hast du deine Fächer gewählt? Pam dewisaist ti dy bynciau?
- Die Schule ist eine gute Vorbereitung für die Zukunft. Was sagst du dazu? Mae'r ysgol yn baratoad da ar gyfer y dyfodol. Beth yw dy farn di?
- Was sind deine Stärken und Schwächen? Beth yw dy gryfderau a dy wendidau?

CYNLLUNIAU GYRFA

Was möchtest du in der Zukunft machen?
Beth hoffet ti ei wneud yn y dyfodol?

Wenn ich meine Prüfungen bestehe, habe ich vor, auf die Universität zu gehen. Nach meinem Studium möchte ich einen interessanten Beruf finden und viel Geld verdienen!
Os byddaf i'n pasio fy arholiadau, rwy'n bwriadu mynd i'r brifysgol. Ar ôl fy astudiaethau, hoffwn i ddod o hyd i swydd ddiddorol ac ennill llawer o arian!

Ist es schwer, einen guten Beruf zu finden? Warum (nicht)?
A yw hi'n anodd dod o hyd i swydd dda? Pam (ddim)?

Es ist sehr schwer für junge Leute, einen Job zu finden. Zur Zeit gibt es eine hohe Arbeitslosigkeit in meiner Gegend. Ich habe viele Freunde, die arbeitslos sind.
Mae'n anodd iawn i bobl ifanc ddod o hyd i swydd. Ar hyn o bryd, mae llawer o ddiweithdra yn fy ardal i. Mae gen i lawer o ffrindiau sy'n ddi-waith.

Möchtest du im Ausland arbeiten? Warum (nicht)?
Hoffet ti weithio dramor? Pam (ddim)?

Meiner Meinung nach ist es eine gute Idee, im Ausland zu arbeiten, weil man neue Fähigkeiten lernen kann. Persönlich möchte ich in Australien arbeiten, weil es dort viele Möglichkeiten gibt.
Yn fy marn i, mae gweithio dramor yn syniad da oherwydd gallwch chi ddysgu sgiliau newydd. Yn bersonol, hoffwn i weithio yn Awstralia oherwydd mae llawer o gyfleoedd yno.

Was wirst du in zehn Jahren machen?
Beth rwyt ti eisiau ei wneud mewn deng mlynedd?

Ich hoffe, dass ich in zehn Jahren glücklich und reich sein werde. Ich werde in einem großen Haus mit einem riesigen Schwimmbad wohnen. Ich möchte heiraten und Kinder haben.
Rwy'n gobeithio mewn deng mlynedd y byddaf i'n hapus ac yn gyfoethog. Byddaf i'n byw mewn tŷ mawr â phwll nofio enfawr. Hoffwn i briodi a chael plant.

Was wolltest du machen, als du jünger warst?
Beth roeddet ti eisiau ei wneud pan oeddet ti'n iau?

Als ich jünger war, wollte ich Sänger(in) sein, weil ich berühmt sein wollte. Jetzt ist es mein Traum, in einem Krankenhaus zu arbeiten. Etwas ganz anderes!

Pan oeddwn i'n iau, roeddwn i eisiau bod yn ganwr/cantores oherwydd roeddwn i eisiau bod yn enwog. Nawr fy mreuddwyd yw gweithio mewn ysbyty. Rhywbeth hollol wahanol!

Dyma rai ymadroddion defnyddiol wrth drafod eich dyfodol:

in der Zukunft – yn y dyfodol
erstens – yn gyntaf
zweitens – yn ail
dann – yna
danach – wedyn/ar ôl hynny
nach dem Studium – ar ôl fy astudiaethau
nach meinen Prüfungen – ar ôl fy arholiadau
nächstes Jahr – y flwyddyn nesaf
mit 18 – yn 18 oed

Cynlluniau ar gyfer y dyfodol

AMADEG

Ysgrifennwch baragraff am eich cynlluniau ar gyfer y dyfodol. Defnyddiwch yr holl ymadroddion amser ar y chwith i roi eich paragraff yn nhrefn amser a defnyddiwch yr holl strwythurau ar y dde o leiaf unwaith yr un. Gallwch chi eu defnyddio mewn unrhyw drefn.

• in der Zukunft	Ich werde + berfenw
• erstens	Ich möchte + berfenw
• danach	Ich will + berfenw
• nach den Prüfungen	Ich würde + berfenw
• nächstes Jahr	
• mit 30	

Atebwch y cwestiynau.

TASG ARHOLIAD

Mari: Ich möchte heiraten[1] und Kinder haben.

Lena: Nach dem Abitur möchte ich Informatik studieren.

Kim: Es gibt nicht genug[2] Arbeitsplätze in meinem Dorf.

Thomas: Ich möchte in einem Altersheim arbeiten. Ich werde kein Geld dafür bekommen, aber das ist mir egal.

Christian: Ich möchte meine Sprachkenntnisse verbessern[3].

Gwen: Ich würde viele Länder besuchen, wenn ich genug Geld hätte.

1 priodi
2 digon
3 gwella

Pwy …?

1. sy'n poeni am ddiweithdra?
2. sydd â diddordeb mewn cyfrifiaduron?
3. fyddai'n hoffi teithio?
4. sydd eisiau gwneud gwaith gwirfoddol?
5. sydd eisiau plant?
6. sydd eisiau gwella ei sgiliau iaith?

CYNLLUNIAU GYRFA

Wenn ich mit dem Studium fertig bin, werde ich einen guten Beruf mit einem guten Gehalt suchen.	Pan fyddaf i'n gorffen astudio, byddaf i'n chwilio am swydd dda â chyflog uchel.
Ich würde lieber meine eigene Firma haben.	Byddai'n well gen i gael fy nghwmni fy hun.
Ich werde Geld sparen, um ein Haus zu kaufen.	Rwy'n mynd i gynilo i brynu tŷ.
Ich möchte in meiner Heimatstadt arbeiten, weil meine Freunde hier sind.	Hoffwn i weithio yn fy nhref enedigol oherwydd mae fy ffrindiau yma.
Ich muss zugeben, dass ich keine Ahnung habe, was ich beruflich machen möchte.	Mae'n rhaid i mi gyfaddef nad oes gen i unrhyw syniad beth hoffwn i ei wneud fel gwaith.
Ich habe mich noch nicht entschieden, was ich später machen werde.	Dydw i ddim wedi penderfynu eto beth byddaf i'n ei wneud yn nes ymlaen.
Ich will nicht arbeitslos sein.	Dydw i ddim eisiau bod yn ddi-waith.
Mein innigster Wunsch war, Lehrer(in) zu werden.	Fy nymuniad pennaf oedd mynd yn athro/athrawes.
Ich möchte keinen eintönigen Beruf haben.	Dydw i ddim eisiau cael swydd undonog.
Ich will eine interessante Karriere machen.	Rydw i eisiau dilyn gyrfa gyffrous.
Nach dem Studium möchte ich in Australien wohnen.	Ar ôl fy astudiaethau, hoffwn i fyw yn Awstralia.
Ich möchte im Ausland arbeiten, um meine Sprachkenntnisse zu verbessern.	Hoffwn i weithio dramor i wella fy sgiliau iaith.
Eines Tages möchte ich um die Welt reisen.	Un diwrnod hoffwn i deithio o amgylch y byd.
Als ich zehn Jahre alt war, wollte ich Astronaut(in) werden.	Pan oeddwn i'n ddeg oed, roeddwn i eisiau bod yn ofodwr.
Meiner Meinung nach lohnt es sich.	Yn fy marn i, mae'n werth chweil.

Mae'n bosibl y bydd angen i chi ddarllen neu ysgrifennu llythyr cais yn yr uned hon. Dyma rai ymadroddion defnyddiol yn Almaeneg:

- Ich habe Ihre Anzeige in der Zeitung gelesen – Darllenais i eich hysbyseb yn y papur newydd
- Ich habe Erfahrung in … – Mae gen i brofiad mewn …
- Ich möchte hier arbeiten, weil … – Hoffwn i weithio yma oherwydd …
- Ich interessiere mich für diese Stelle – Mae gen i ddiddordeb yn y swydd hon
- Im Anhang finden Sie meinen Lebenslauf – Fe welwch chi fy CV wedi'i atodi

Os gallwch chi ddefnyddio'r ymadroddion hyn yn yr arholiad, byddan nhw'n tynnu sylw at eich gallu i ddefnyddio amserau gwahanol.

Cyfieithwch y paragraff canlynol i'r Almaeneg:

Dydw i ddim yn mynd i fynd i'r chweched dosbarth oherwydd mae'n ddiflas. Rwy'n mynd i adael yr ysgol cyn gynted â phosibl. Mae profiad gwaith yn bwysicach na chymwysterau. Mae'n hawdd dod o hyd i swydd dda yn fy nhref i. Hoffwn i weithio mewn swyddfa er mwyn gwella fy sgiliau cyfrifiadurol.

TASG ARHOLIAD

TERMAU GRAMADEG

Mae'n bwysig deall ystyr y termau hyn oherwydd byddan nhw'n cael eu defnyddio'n rheolaidd yn ystod eich cwrs TGAU.

Adferfau: Mae adferfau'n disgrifio berfau (ac weithiau ansoddeiriau ac adferfau eraill). Maen nhw'n ateb y cwestiynau: sut, pryd, ble – e.e. yn rheolaidd.

Amser: Newid yn y ferf i ddisgrifio gweithredoedd sy'n digwydd yn y gorffennol, y presennol, y dyfodol neu'r amodol.

Ansoddeiriau: Disgrifio enwau mae ansoddeiriau. Maen nhw'n ateb y cwestiynau: pa, pa fath o, faint – e.e. mawr.

Ansoddeiriau dangosol: Dangos neu gyfeirio at rywbeth y mae'r geiriau hyn – e.e. hwn, hon, hwnnw, honno, hyn, hynny.

Arddodiaid: Mae'r rhain yn eiriau sy'n helpu i ddisgrifio lleoliad rhywbeth neu'n rhoi gwybodaeth ychwanegol – e.e. yn, ar.

Berfau: Geiriau gweithredu yw'r rhain sy'n gwneud rhywbeth mewn brawddeg.

Berfau afreolaidd: Berfau sydd ddim yn dilyn patrymau rheolaidd ac sydd â ffurfiau gwahanol pan fyddan nhw'n cael eu rhedeg neu eu defnyddio mewn amserau gwahanol. Fel arfer mae angen dysgu'r rhain ar eich cof.

Berfau atblygol: Mae berfau atblygol yn disgrifio gweithred mae goddrych y frawddeg yn ei gwneud iddo'i hun – e.e. sich waschen (ymolchi), sich anziehen (gwisgo eich hun).

Berfenw: Dyma ffurf y ferf rydych chi'n ei gweld yn y geiriadur. Yn Almaeneg mae fel arfer yn gorffen gydag -en neu -n.

Cenedl: Mae cenedl gan enwau yn Almaeneg. Maen nhw'n wrywaidd, yn fenywaidd neu'n ddiryw.

Cyfystyron: Geiriau sydd â'r un ystyr.

Cysylltair: Gair neu ymadrodd sy'n cysylltu dau air neu rannau o frawddeg – e.e. oherwydd.

Enwau: Geiriau sy'n enwi person, lle, peth neu syniad.

Ffurfiau gorchmynnol: Ffurfiau berfol sy'n cael eu defnyddio wrth roi cyfarwyddiadau neu orchmynion.

Goddrych: Y person neu'r peth yn y frawddeg sy'n gwneud y weithred.

Gradd eithaf: Yr eithaf yw'r *mwyaf* o rywbeth – e.e. y gorau, y gwaethaf, y mwyaf.

Gradd gymharol: Mae hon yn ffurf ar ansoddair sy'n cael ei defnyddio i gymharu dau beth – e.e. gwell.

Gwrthrych: Y person neu'r peth mewn brawddeg y mae'r weithred yn digwydd iddo.

Lluosog: Mwy nag un eitem.

Rhagenwau: Mae rhagenwau yn cael eu defnyddio yn lle enwau mewn brawddeg i osgoi ailadrodd.

Rhagenwau meddiannol: Geiriau sy'n awgrymu perchenogaeth – e.e. fy nhŷ.

Unigol: Yn cyfeirio at un eitem yn unig – yn hytrach na'r lluosog am fwy nag un eitem.

Y fannod: Y, yr, 'r (y fannod bendant) ac *a/an* yn Saesneg (y fannod amhendant).

Peidiwch ag ofni pan welwch chi'r rhestr ramadeg ganlynol! Rhestr yw hon o **bob** pwynt gramadeg a allai ymddangos yn TGAU. Ni fydd angen i chi ddefnyddio'r pwyntiau gramadeg hyn i gyd eich hun, ond bydd yn help os gallwch chi adnabod gwahanol nodweddion ieithyddol. Mae'r adran gyfeirio hon yn golygu y gallwch chi chwilio am unrhyw dermau gramadeg sy'n eich drysu. Hefyd, mae ymarferion gramadeg drwy'r llyfr i chi gael ymarfer yr hyn rydych chi'n ei wybod. Bydd y tablau berfau ar ddiwedd yr adran hon yn ddefnyddiol wrth i chi adolygu ar gyfer eich arholiadau siarad ac ysgrifennu.

ENWAU A CHYFLYRAU

CENEDL ENWAU

Mae enwau yn eiriau sy'n enwi peth, lle neu berson. Yn Almaeneg, mae pob enw naill ai'n wrywaidd, yn fenywaidd neu'n ddiryw. Mae pob enw yn Almaeneg yn dechrau â phriflythyren.

Y FANNOD BENDANT AC AMHENDANT

Mae'r fannod bendant a'r fannod amhendant (y geiriau am **y** ac **a/an** yn Saesneg) yn dibynnu ar genedl yr enw:

- **der/ein Computer** (gwrywaidd)
- **die/eine App** (benywaidd)
- **das/ein Handy** (diryw)

ANSODDEIRIAU MEDDIANNOL A DANGOSOL

Mae ansoddeiriau meddiannol yn dangos perchenogaeth – e.e. fy, ei. I ddefnyddio'r ansoddair meddiannol cywir, mae angen i chi wybod:

- Pa un sydd ei angen – e.e. **mein, dein, sein.**
- Pa genedl yw'r enw – e.e. **meine Schwester ist ..., mein Bruder ist ...**
- Y cyflwr y bydd eich enw ynddo.

Dyma rai ansoddeiriau meddiannol:

> **mein** – fy
> **dein** – dy (unigol, anffurfiol)
> **sein** – ei (ef)
> **ihr** – ei (hi)
> **unser** – ein
> **euer** – eich (lluosog)
> **Ihr** – eich (ffurfiol)

- Mae ansoddeiriau meddiannol yn dilyn yr un patrwm ag **ein/kein.**
- Mae ansoddeiriau dangosol fel **dieser** (hwn, hon) a **jeder** (pob) yn dilyn y patrwm hwn:

	Gwrywaidd	Benywaidd	Diryw	Lluosog
Enwol	dieser	diese	dieses	diese
Gwrthrychol	diesen	diese	dieses	diese
Genidol	dieses	dieser	dieses	dieser
Derbyniol	diesem	dieser	diesem	diesen

FFURFIAU LLUOSOG ENWAU

Ffurf luosog y fannod bendant (der/die/das) bob amser yw die.

Yn Almaeneg, mae nifer o ffurfiau gwahanol i'r lluosog. Mae rhai patrymau, ond y peth gorau yw dysgu'r genedl a'r ffurf luosog pan fyddwch chi'n dysgu enwau newydd.

- Yn achos y rhan fwyaf o enwau benywaidd, ychwanegwch -n neu -en – e.e. Drogen.
- Yn achos y rhan fwyaf o eiriau gwrywaidd, ychwanegwch -e – e.e. Filme.
- Yn achos nifer o eiriau 'estron', ychwanegwch -s – e.e. Restaurants.
- Yn achos y derbyniol lluosog, mae angen -n neu -en ychwanegol ar bob enw – e.e. den Häusern.

ENWAU GWAN

Mae'r rhain yn enwau sy'n ychwanegu -n at bob cyflwr ar wahân i'r enwol unigol. Mae Junge, Herr, Mensch, Name yn enghreifftiau o enwau gwan cyffredin.

CYFLYRAU

Mae pedwar cyflwr yn Almaeneg:

1. **Enwol** sy'n cael ei ddefnyddio ar gyfer goddrych y ferf – e.e. **Der Computer** ist modern.
2. **Gwrthrychol** sy'n cael ei ddefnyddio ar gyfer gwrthrych uniongyrchol y ferf ac ar ôl rhai arddodiaid – e.e. Ich kaufe **einen Computer**.
3. **Genidol** sy'n cael ei ddefnyddio i ddangos safle ac ar ôl rhai arddodiaid – e.e. Der Computer **meines Freundes**.
4. **Derbyniol** sy'n cael ei ddefnyddio ar gyfer gwrthrych anuniongyrchol y ferf, ar ôl rhai arddodiaid a berfau arbennig – e.e. Ich habe **ihm** Geld gegeben.

Bydd y tablau canlynol yn eich helpu.

Ffurfiau'r fannod bendant (der/die/das – y)

	Gwrywaidd	Benywaidd	Diryw	Lluosog
Enwol	der	die	das	die
Gwrthrychol	den	die	das	die
Genidol	des	der	des	der
Derbyniol	dem	der	dem	den

Ffurfiau'r fannod amhendant (ein/eine/ein – *a/an*)

	Gwrywaidd	Benywaidd	Diryw	Lluosog
Enwol	ein	eine	ein	-
Gwrthrychol	einen	eine	ein	-
Genidol	eines	einer	eines	-
Derbyniol	einem	einer	einem	-

Ffurfiau negyddol (mae'r gair kein (dim/dim un) yn dilyn yr un patrwm â'r fannod amhendant ond mae ganddo ffurfiau lluosog)

	Gwrywaidd	Benywaidd	Diryw	Lluosog
Enwol	kein	keine	kein	keine
Gwrthrychol	keinen	keine	kein	keine
Genidol	keines	keiner	keines	keiner
Derbyniol	keinem	keiner	keinem	keinen

ARDDODIAID

Mae arddodiaid yn rhoi gwybodaeth am safle enw neu ragenw. Maen nhw'n newid cyflwr yr enw neu'r rhagenw. Yn aml mae gan arddodiaid fwy nag un ystyr – e.e.:

- mit dem Taxi – mewn tacsi
- mit meinem Bruder – gyda fy mrawd

Mae rhai arddodiaid yn cael eu dilyn gan y cyflwr gwrthrychol bob amser – e.e. für, um, durch, bis, ohne, wider, gegen, entlang.
   Mae rhai arddodiaid yn cael eu dilyn gan y cyflwr derbyniol bob amser – e.e. bei, aus, nach, gegenüber, seit, von, außer, mit, zu.
   Mae rhai arddodiaid yn cael eu dilyn gan y cyflwr gwrthrychol neu dderbyniol, yn dibynnu ar yr ystyr – e.e. an, auf, hinter, vor, in, unter, über neben, zwischen.

- Ich gehe in die Stadt. Rwy'n mynd i'r dref. (gwrthrychol – symudiad tuag at)
- Ich bin in der Stadt. Rydw i yn y dref. (derbyniol – yn dynodi safle neu leoliad)

Mae rhai arddodiaid yn cael eu dilyn gan y cyflwr genidol bob amser – e.e. statt, trotz, während, wegen.

AMADEG

Dewiswch yr arddodiad cywir o'r rhestr isod i gwblhau'r frawddeg.

1. Es gibt oft Staus ___ der Stadtmitte.
2. Fahren Sie ____ der U-Bahn.
3. Es ist ____ dem Kino.
4. Sie interessiert sich ____ Geschichte.
5. Geh ___ Fuß.
6. Ich komme ___ einer Großstadt.

zu   in   neben   mit   für   aus

RHAGENWAU

Gall rhagenwau gael eu defnyddio yn lle enw mewn brawddeg i osgoi ailadrodd.

- Gwelais i ffilm yr wythnos diwethaf. Roedd y ffilm yn dda.
- Gwelais i ffilm yr wythnos diwethaf. Roedd **hi'n** dda.

Mae rhagenwau yn newid yn Almaeneg yn dibynnu ar y cyflwr.

Enwol	Gwrthrychol	Derbyniol
ich (fi/i)	mich (fi)	mir (i mi)
du (ti)	dich (ti)	dir (i ti)
er (ef)	ihn (ef)	ihm (iddo ef)
sie (hi)	sie (hi)	ihr (iddi hi)
es (ef/hi)	es (ef/hi)	ihm (iddo ef/iddi hi)
wir (ni)	uns (ni)	uns (i ni)
ihr (chi (lluosog anffurfiol))	euch (chi (lluosog anffurfiol))	euch (i chi (lluosog anffurfiol))
Sie (chi (ffurfiol))	Sie (chi (ffurfiol))	Ihnen (i chi (ffurfiol))
sie (nhw)	sie (nhw)	ihnen (iddyn nhw)

Er bod **man** yn llythrennol yn golygu '**rhywun**', mae'n rhagenw sy'n cael ei ddefnyddio'n aml iawn yn Almaeneg. Mae'n cael ei ddefnyddio lle bydden ni'n defnyddio **chi** yn Gymraeg.

> **Man** bekommt eine Ermäßigung. Rydych chi'n cael disgownt. (Mae rhywun yn cael disgownt.)
> **Man** kann mit dem Bus fahren. Gallwch chi fynd ar y bws. (Gall rhywun fynd ar y bws.)

Mae **jemand** yn rhagenw unigol sy'n golygu rhywun. Mae **niemand** yn rhagenw unigol sy'n golygu neb. Fel arfer, mae gan y rhagenwau hyn y terfyniad **-en** yn y cyflwr gwrthrychol ac **-em** yn y cyflwr derbyniol.

BERFAU

AMSER PRESENNOL – RHEOLAIDD

Mae'r amser presennol yn cael ei ddefnyddio i ddisgrifio rhywbeth sy'n digwydd nawr – e.e. Ich lerne Deutsch, neu rywbeth sy'n digwydd yn rheolaidd – e.e. Ich gehe jeden Samstag ins Kino.

Mae berfau rheolaidd yn dilyn yr un patrwm. Tynnwch yr **-en** oddi wrth y berfenw (e.e. wohnen → wohn) ac ychwanegwch y terfyniadau canlynol at fôn y ferf:

ich wohn**e**
du wohn**st**
er/sie/es/man wohn**t**
wir wohn**en**
ihr wohn**t**
Sie wohn**en**
sie wohn**en**

Os yw'r bôn yn gorffen gyda **-t**, mae angen i chi ychwanegu **e** arall yn y ffurfiau du, er/sie/es/man ac ihr.

arbeiten (berfenw) → arbeit (bôn)
er arbeit**et**

AMSER PRESENNOL – AFREOLAIDD

Mae terfyniadau berfau afreolaidd bron yr un peth â berfau rheolaidd, ond gallai ffurf y bôn newid yn y ffurfiau du, er/sie/es/man ac ihr. Edrychwch ar y tablau berfau ar dudalennau 129–133 am fanylion.

fahren – du fährst, sie fährt
nehmen – du nimmst, er nimmt
geben – du gibst, er gibt

RAMADEG

Rhowch ffurf gywir y ferf yn lle'r berfenw.

1. Ich **tragen** modische Kleidung.
2. Ich **hören** überall Musik.
3. Ich **surfen** im Internet.
4. Wir **gehen** ins Einkaufszentrum.
5. Er **schreiben** E-Mails.
6. Ich **besuchen** Chatrooms.

AMSER PRESENNOL – HABEN A SEIN

Dwy ferf afreolaidd bwysig iawn yw **haben** a **sein** – maen nhw'n cael eu defnyddio'n aml felly mae angen eu dysgu.

haben – cael

ich habe	mae gen i
du hast	mae gen ti
er/sie/es/man hat	mae ganddo ef/ganddi hi/gan rywun
wir haben	mae gennym ni
ihr habt	mae gennych chi (lluosog anffurfiol)
Sie haben	mae gennych chi (ffurfiol)
sie haben	mae ganddyn nhw

sein – bod

ich bin	rydw i
du bist	rwyt ti
er/sie/es/man ist	mae ef/hi/rhywun
wir sind	rydyn ni
ihr seid	rydych chi (lluosog anffurfiol)
Sie sind	rydych chi (ffurfiol)
sie sind	maen nhw

BERFAU GWAHANADWY AC ANWAHANADWY

Mae gan rai berfau yn Almaeneg ragddodiad gwahanadwy sydd fel arfer yn mynd i ddiwedd y frawddeg:

- **fernsehen** – gwylio teledu
  Ich **sehe** jeden Abend **fern**.
- **anfangen** – dechrau/cychwyn
  Die Schule **fängt** um 8 Uhr **an**.
- **ankommen** – cyrraedd
  Ich **komme** immer pünktlich **an**.

Mae rhai berfau yn edrych yn debyg i ferfau gwahanadwy ond dydy'r rhagddodiad ddim yn mynd i'r diwedd. Mae berfau sy'n dechrau gyda **ver-, be-, emp-, zer-, ent-** a **ge-** yn anwahanadwy.

- **bekommen** – cael/derbyn
  Ich **bekomme** viele Hausaufgaben. Rwy'n cael llawer o waith cartref.
- **verstehen** – deall
  Ich **verstehe** das nicht. Dydw i ddim yn deall hynny.

- **gewinnen** – ennill
  Er **gewinnt** immer. Mae ef bob amser yn ennill.

BERFAU ATBLYGOL A RHAGENWAU

Mae rhai berfau yn Almaeneg yn atblygol (maen nhw'n disgrifio gweithred y mae'r goddrych yn ei gwneud iddo'i hun) ac mae angen rhagenw atblygol. Mae'r rhan fwyaf yn defnyddio ffurf **wrthrychol** y rhagenw atblygol:

- Ich interessiere **mich** für Musik.
- Er wäscht **sich**.
- Sie zieht **sich** an.

Ond mae rhai yn defnyddio'r **derbyniol** fel ffurf:

- Ich mache **mir** Sorgen um Heidi.
- Ich putze **mir** die Zähne.

Rhagenwau atblygol

Goddrych	Gwrthrychol	Derbyniol
ich	mich	mir
du	dich	dir
er/sie/es/man	sich	sich
wir	uns	uns
ihr	euch	euch
Sie	sich	sich
sie	sich	sich

AMSER PERFFAITH

Mae'r amser perffaith yn cael ei ddefnyddio i sôn am bethau a ddigwyddodd yn y gorffennol. Dyma'r ffordd fwyaf cyffredin o sôn am y gorffennol yn Almaeneg.

I ffurfio'r amser perffaith mae angen:

- ffurf gywir **haben** neu **sein**
- rhangymeriad gorffennol

Mae rhai rhangymeriadau yn rheolaidd (e.e. gespielt, gewohnt) ac eraill yn afreolaidd (e.e. gegangen, gesehen):

- Ich **habe** im Park **gespielt**.
- Er **hat** in der Stadtmitte **gewohnt**.
- Ich **habe** einen Film **gesehen**.

Mae rhai berfau (gweler y tablau berfau ar dudalennau 128–133) yn defnyddio sein yn lle haben. Fel arfer, mae'r rhain yn ferfau symudiad – e.e. kommen, gehen, fahren, fliegen.

- Ich **bin** ins Kino **gegangen**.
- Wir **sind** mit dem Bus **gefahren**.

Mae berfau gwahanadwy yn cysylltu'n ôl â'i gilydd i ffurfio'r rhangymeriad gorffennol:

- Ich habe ferngesehen.
- Der Zug ist pünktlich angekommmen.

Does dim angen **ge-** ar ferfau anwahanadwy i ffurfio'r rhangymeriad gorffennol:

- Ich habe meine Tante **besucht**.
- Meine Mannschaft hat **gewonnen**.

Cwblhewch y brawddegau yn yr amser perffaith drwy ddefnyddio ffurf gywir haben neu sein.

1. Ich _____ CDs gekauft.
2. Ich _____ ins Restaurant gegangen.
3. Er ___ einen Film gesehen.
4. Wir _____ ins Kino gegangen.
5. Ich _____ in Frankreich gewohnt.
6. Meine Schwester _____ Kleidung gekauft.

Rhowch y brawddegau amser presennol hyn yn yr amser perffaith.

Enghraifft: Ich wohne in Berlin. → Ich habe in Berlin gewohnt.

1. Ich mache meinen Führerschein.
2. Ich fahre mit dem Rad.
3. Ich finde Autos sehr laut.
4. Mein Bruder geht zu Fuß in die Stadt.
5. Wir fliegen nach Spanien.

Rhowch y brawddegau amser presennol hyn yn yr amser perffaith.

1. Mein Bruder sieht gern fern.
2. Meine Schwester besucht das Stadion.
3. Ich lade Fotos hoch.
4. Er lädt Musik herunter.
5. Ich benutze oft das Internet.

AMSER AMHERFFAITH

Mae'r amser amherffaith yn cael ei ddefnyddio amlaf mewn ysgrifennu ffurfiol (llyfrau, papurau newydd, etc.). Fodd bynnag, mae rhai berfau cyffredin yn fwy tebygol o gael eu defnyddio yn yr amser amherffaith ar lafar ac mewn ysgrifennu llai ffurfiol.

ich war – roeddwn i
es war – roedd ef/hi
ich hatte – roedd gen i
es hatte – roedd ganddo ef/ganddi hi
es gab – roedd (yna)

Yn achos berfau rheolaidd, ychwanegwch y terfyniadau canlynol at y bôn:

> spielen (berfenw) ➡ spiel (bôn)
> ich spielte
> du spieltest
> er/sie/es/man spielte
> wir spielten
> ihr spieltet
> Sie spielten
> sie spielten

Yn achos berfau afreolaidd, ychwanegwch y terfyniadau canlynol at y bôn sydd wedi'i newid (gweler y tablau berfau ar dudalennau 128–133):

> fahren (berfenw) ➡ fuhr (bôn wedi'i newid)
> ich fuhr
> du fuhrst
> er/sie/es/man fuhr
> wir fuhren
> ihr fuhrt
> Sie fuhren
> sie fuhren

Wrth ddefnyddio berfau moddol i sôn am ddigwyddiadau yn y gorffennol, fel arfer mae angen i chi ddefnyddio'r amser amherffaith. Dyma'r ffurfiau ich:

> ich konnte – roeddwn i'n gallu
> ich durfte – roeddwn i'n cael
> ich sollte – roeddwn i i fod i
> ich musste – roedd yn rhaid i mi
> ich wollte – roeddwn i eisiau
> ich mochte – roeddwn i'n hoffi

RAMADEG

Cwblhewch y brawddegau drwy ddefnyddio **hatte** neu **war**.

1. Ich _____ viele Hausaufgaben.
2. Ich _____ nervös, weil ich eine Prüfung _____.
3. Er _____ nicht genug Zeit.
4. Ich _____ keine Lust, Grammatik zu lernen.
5. Es _____ sehr kompliziert.
6. Ich _____ müde.

Dewiswch y gair cywir o'r rhestr isod i gwblhau pob brawddeg.

1. Ich _____ Kopfschmerzen.
2. Es _____ gestern sonnig.
3. Ich _____ eine neue Batterie kaufen.
4. Es _____ viele Probleme.
5. Wir _____ Hunger.

hatten   gab   war   hatte   musste

AMSER GORBERFFAITH

Mae'r amser gorberffaith yn cael ei ddefnyddio i ddisgrifio rhywbeth sydd wedi digwydd yn barod, fel arfer yn gynharach yn y gorffennol.

I'w ffurfio, rydych chi'n defnyddio ffurf amherffaith haben neu sein gyda rhangymeriad gorffennol:

- Ich hatte einen Tisch reserviert. Roeddwn i wedi archebu bwrdd.
- Ich hatte schon gegessen. Roeddwn i wedi bwyta yn barod.
- Ich war zur Party gegangen. Roeddwn i wedi mynd i'r parti.

AMSER DYFODOL

Mae'r amser dyfodol yn cael ei ffurfio yn yr un ffordd yn achos berfau afreolaidd a berfau rheolaidd. Rydych chi'n ffurfio'r amser dyfodol yn hawdd drwy ddefnyddio ffurf gywir werden a berfenw ar ddiwedd y frawddeg:

ich werde	byddaf i
du wirst	byddi di
er/sie/es/man wird	bydd ef/hi/rhywun
wir werden	byddwn ni
ihr werdet	byddwch chi (lluosog anffurfiol)
Sie werden	byddwch chi (ffurfiol)
sie werden	byddan nhw

- Ich werde am Samstag neue Kleidung kaufen.
- Ich werde Jeans und ein T-shirt tragen.

Yn Almaeneg, gallwch chi hefyd ddefnyddio'r amser presennol i sôn am ddigwyddiadau yn y dyfodol. Fodd bynnag, mae'n rhaid iddi fod yn amlwg eich bod chi'n sôn am y dyfodol – fel arfer bydd ymadrodd amser yn dangos hyn.

- Ich gehe nächste Woche auf die Party.
- Wir gehen nächsten Samstag ins Kino.

GRAMADEG

Aildrefnwch y geiriau i ffurfio brawddegau yn yr amser dyfodol.

1. Computerspiele ich werde spielen.
2. Handy mein ein neues Bruder kaufen wird.
3. gehen werden wir ins Kino.
4. sie einen wird kaufen 3D-Drucker.
5. Autos der Zukunft brauchen werden keinen Fahrer.

AMSER AMODOL

Mae'r amser amodol yn cael ei ddefnyddio i ddweud beth byddech chi'n ei wneud, pe bai'n bosibl, o dan amodau arbennig – e.e. Byddwn i'n adeiladau mwy o dai (er mwyn gwella fy nhref). Mae'r amser amodol yn cael ei ffurfio yn yr un ffordd yn achos berfau afreolaidd a berfau rheolaidd – e.e. Ich **würde** mehr Häuser **bauen** (, um meine Stadt zu verbessern).

Defnyddiwch ffurf gywir **würden** gyda berfenw ar ddiwedd y frawddeg:

> ich würde gehen
> du würdest gehen
> er/sie/es/man würde gehen
> wir würden gehen
> ihr würdet gehen
> Sie würden gehen
> sie würden gehen

Wrth ddefnyddio **haben** a **sein** yn yr amodol i ddweud beth byddech chi'n ei wneud neu'n ei gael, mae'r berfau'n cymryd y ffurfiau canlynol:

haben	sein
ich hätte	ich wäre
du hättest	du wärest
er/sie/es/man hätte	er/sie/es/man wäre
wir hätten	wir wären
ihr hättet	ihr wäret
Sie hätten	Sie wären
sie hätten	sie wären

- Wenn ich reich wäre, würde ich ein modernes Haus kaufen. Pe bawn i'n gyfoethog, byddwn i'n prynu tŷ modern.
- Wenn ich mehr Geld hätte, würde ich umziehen. Pe bai gen i fwy o arian, byddwn i'n symud.

Mae Ich möchte yn ymadrodd defnyddiol sy'n golygu 'Byddwn i'n hoffi …' Yn aml, mae'n cael ei ddefnyddio gyda berfenw ar ddiwedd y frawddeg.

> Ich möchte mit 21 heiraten.
> Ich möchte in der Zukunft Kinder haben.

RAMADEG

Rhowch y brawddegau amser presennol hyn yn yr amser amodol.

1. Ich wasche Autos.
2. Er spendet Geld.
3. Die Organisation verdient mehr Geld.
4. Es ist besser.
5. Ich habe nicht genug Zeit.

FFURFIAU'R GORCHMYNNOL (GORCHMYNION)

Mae ffurfiau'r gorchmynnol yn cael eu defnyddio i roi gorchmynion neu gyfarwyddiadau.

Yn achos ffurf Sie, rydych chi'n defnyddio'r amser presennol ac yn cyfnewid y ferf a'r rhagenw:

- **Sie wählen** eine Sprache. → **Wählen Sie** eine Sprache! Dewiswch iaith!
- **Gehen Sie** geradeaus! Ewch yn syth ymlaen!
- **Vergessen Sie** nicht! Peidiwch ag anghofio!

Berfau gwahanadwy

- **Rufen Sie** uns **an**. Rhowch alwad i ni.

Yn achos ffurf du, rydych chi'n defnyddio amser presennol y ferf ac yn cymryd yr **-st** oddi wrtho. Gallech chi hefyd weld hyn gydag -e wedi'i ychwanegu mewn Almaeneg ysgrifenedig:

- **Buch(e)** sofort. Archeba yn syth.
- **Besuch(e)** die Altstadt. Cer i weld yr hen ddinas.

Cofiwch fod rhai berfau yn afreolaidd yn y ffurf du:

- **Nimm** den Bus. Cer ar y bws.
- **Lies** die Werbung. Darllena'r hysbyseb.

BERFAU MODDOL

Y berfau moddol yw:

> dürfen – cael caniatâd i
> können – gallu
> müssen – bod yn rhaid (gwneud)
> wollen – eisiau
> sollen – dylid gwneud
> mögen – hoffi

Fel arfer, mae berfau moddol yn cael eu defnyddio gyda berfenw ar ddiwedd y frawddeg:

- Man **darf** mit 18 **heiraten**.
- Mein Bruder **kann** Auto **fahren**.
- Ich **muss** meine Tante **besuchen**.

	dürfen	können	müssen	wollen	sollen	mögen
ich	darf	kann	muss	will	soll	mag
du	darfst	kannst	musst	willst	sollst	magst
er/sie/es/man	darf	kann	muss	will	soll	mag
wir	dürfen	können	müssen	wollen	sollen	mögen
ihr	dürft	könnt	müsst	wollt	sollt	mögt
Sie	dürfen	können	müssen	wollen	sollen	mögen
sie	dürfen	können	müssen	wollen	sollen	mögen

BERFAU AMHERSONOL

Mae rhai berfau amhersonol cyffredin yn cael eu defnyddio'n
aml yn y ffurf **es**:

> **Es gibt** viel zu tun. Mae llawer i'w wneud.
> **Es geht** mir gut. Rwy'n teimlo'n dda.
> **Es tut** mir leid. Mae'n ddrwg gen i.
> **Es schmeckt** mir. Mae'n flasus.
> **Es gefällt** mir. Rwy'n ei hoffi.
> **Es tut** weh. Mae'n brifo/mae'n boenus.
> **Es regnet.** Mae hi'n bwrw glaw.
> **Es schneit.** Mae hi'n bwrw eira.

GRAMADEG

Cyfieithwch y brawddegau canlynol i'r Gymraeg:

1. Es gibt ein Kino in der Stadtmitte.
2. Es gab nicht viel für junge Leute.
3. Es tut mir leid.
4. Es gefällt mir gut.
5. Es hat mir gut geschmeckt.

CYSTRAWENNAU BERFENWAU

Mae **um ... zu ...** yn strwythur defnyddiol iawn yn Almaeneg. Mae'n golygu 'er mwyn' (er ein bod yn dweud 'i'
yn aml yn Gymraeg).

- Ich benutze das Internet, **um** Computerspiele **zu** kaufen. Rwy'n defnyddio'r rhyngrwyd er mwyn prynu gemau
  cyfrifiadur.

Mae'r ferf yn y cymal **um ... zu ...** bob amser yn ferfenw ac mae'n mynd i ddiwedd y frawddeg.
  Mae **ohne zu ...** yn cael ei ddefnyddio gyda berfenw hefyd. Mae'n golygu 'heb wneud rhywbeth'.

- Er hat mein Handy genommen, **ohne zu** fragen. Aeth ef â'm ffôn symudol heb ofyn.

Weithiau mae angen gair ychwanegol, **zu**, cyn y berfenw mewn brawddeg.

- Ich hoffe, ein Auto **zu** gewinnen. Rwy'n gobeithio ennill car.
- Ich verspreche, alles **zu** geben. Rwy'n addo rhoi popeth.

Dyma rai berfau sydd angen hyn:

> hoffen – gobeithio
> versprechen – addo
> Lust haben – ffansïo, teimlo fel (gwneud rhywbeth)
> beginnen – dechrau

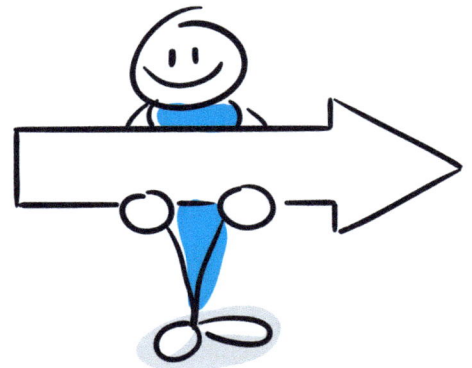

GRAMADEG

Cwblhewch y brawddegau gan ddefnyddio'r ferf gywir o'r rhestr.

1. Ich werde nächstes Jahr Geschichte _____.
2. Ich habe letztes Jahr Mathe _____.
3. Ich _____ gern Sport.
4. Ich _____ gestern nicht genug Zeit.
5. Es ___ langweilig.
6. Ich _____ eine neue Sprache lernen, wenn ich mehr Zeit _____.

würde   hatte   lernen   mache   gelernt   war   hätte

ANSODDEIRIAU AC ADFERFAU

ANSODDEIRIAU

Mae ansoddeiriau'n rhoi mwy o wybodaeth am enw.

Os yw ansoddair yn cael ei ddefnyddio ar ôl enw, nid yw'n newid.

- Mein Lehrer ist **interessant**.
- Meine Lehrerin ist **interessant**.

Fodd bynnag, mae terfyniad yr ansoddair yn newid pan fydd yn cael ei ddefnyddio o flaen enw.

Terfyniadau ansoddeiriau gyda'r fannod bendant

	Gwrywaidd	Benywaidd	Diryw	Lluosog
Enwol	der alt**e** Mann	die alt**e** Frau	das alt**e** Haus	die alt**en** Leute
Gwrthrychol	den alt**en** Mann	die alt**e** Frau	das alt**e** Haus	die alt**en** Leute
Genidol	des alt**en** Mannes	der alt**en** Frau	des alt**en** Hauses	der alt**en** Leute
Derbyniol	dem alt**en** Mann	der alt**en** Frau	dem alt**en** Haus	den alt**en** Leuten

Terfyniadau ansoddeiriau gyda'r fannod amhendant (a kein)

	Gwrywaidd	Benywaidd	Diryw	Lluosog
Enwol	ein alt**er** Mann	eine alt**e** Frau	ein alt**es** Haus	keine alt**en** Leute
Gwrthrychol	einen alt**en** Mann	eine alt**e** Frau	ein alt**es** Haus	keine alt**en** Leute
Genidol	eines alt**en** Mannes	einer alt**en** Frau	eines alt**en** Hauses	keiner alt**en** Leute
Derbyniol	einem alt**en** Mann	einer alt**en** Frau	einem alt**en** Haus	keinen alt**en** Leuten

Terfyniadau ansoddeiriau heb unrhyw fannod

	Gwrywaidd	Benywaidd	Diryw	Lluosog
Enwol	schwarz**er** Kaffee	klein**e** Tasse	gut**es** Essen	kalt**e** Snacks
Gwrthrychol	schwarz**en** Kaffee	klein**e** Tasse	gut**es** Essen	kalt**e** Snacks
Genidol	schwarz**en** Kaffees	klein**er** Tasse	gut**en** Essens	kalt**en** Snacks
Derbyniol	schwarz**em** Kaffee	klein**er** Tasse	gut**em** Essen	kalt**en** Snacks

Ychwanegwch y terfyniad cywir at yr ansoddair.

1. Ich trinke gern (**warm**) Getränke.
2. Es gibt ein (**türkisch**) Restaurant.
3. Ich werde (**schwarz**) Jeans tragen.
4. Wir verkaufen (**preiswert**) Snacks.
5. Buchen Sie eine (**unvergesslich**) Party!
6. Mein (**älter**) Bruder ist Vegetarier.

Mae'n bosibl troi ansoddeiriau yn enwau drwy:

• Ychwanegu **-e** at ddiwedd yr ansoddair.
• Gwneud y llythyren gyntaf yn briflythyren.
• Rhoi **der**, **die** neu **das** o'i flaen.

deutsch → **der Deutsche** – yr Almaenwr (gwrywaidd), **die Deutsche** – yr Almaenes (benywaidd)
richtig → **das Richtige** (y peth iawn/cywir)

• Ar ôl geiriau arbennig fel **etwas**, **nichts**, **wenig** a **viel**, mae angen priflythyren ar ansoddair ac mae angen ychwanegu'r terfyniad **-es** at y diwedd.

nichts Interessantes
etwas Gutes

ADFERFAU

Mae adferfau'n rhoi mwy o wybodaeth am ferf – maen nhw'n gallu disgrifio pryd, sut/pa mor aml neu ble digwyddodd rhywbeth. Gallan nhw fod yn un gair – e.e. langsam, gesund.

• Der Bus fährt **langsam**.
• Wir essen **gesund**.

Mae manchmal, immer, oft, hier a dort yn adferfau amser a lle.
   Mae ab und zu, letzte Woche, nächstes Wochenende ac um 7 Uhr yn enghreifftiau o ymadroddion adferfol cyffredin.
   Mae gern, lieber ac am liebsten yn ffyrdd defnyddiol o siarad am beth rydych chi'n hoffi/beth sy'n well gennych chi ei wneud. Maen nhw'n dilyn y ferf.

• Ich fahre **gern** mit dem Rad. Rwy'n hoffi mynd ar y beic.
• Ich fahre **lieber** mit dem Auto. Mae'n well gen i fynd yn y car.
• Ich fahre **am liebsten** mit dem Taxi. Mynd mewn tacsi rwy'n ei hoffi fwyaf.

Mewn cwestiynau, maen nhw'n mynd ar ôl y rhagenw.

• Fährst du **gern** mit dem Bus? Wyt ti'n hoffi teithio ar y bws?

GRADDAU CYMHAROL AC EITHAF

Yn syml, gyda'r rhan fwyaf o ansoddeiriau rydych chi'n ychwanegu **-er** i ffurfio'r cymharol:

- klein → klein**er** – llai
- modern → modern**er** – mwy modern

Mae rhai ansoddeiriau (byr) hefyd yn ychwanegu umlaut:

- alt → äl**ter** – hŷn
- groß → größ**er** – mwy

Defnyddiwch y gair **als** i gymharu pethau:

> Das Kino ist moderner **als** das Sportzentrum.

I ffurfio'r radd eithaf gallwch chi ddefnyddio **am** ac ychwanegu **-sten** at yr ansoddair:

- **am** klein**sten** – y lleiaf
- **am** modern**sten** – y mwyaf modern
- Das Kino in der Stadt ist **am** modern**sten**.

Mae rhai enghreifftiau afreolaidd hefyd:

- gut, besser, am besten – da, gwell, y gorau
- viel, mehr, am meisten – llawer, mwy, y mwyaf

CRYFHAWYR

Mae'r geiriau hyn yn pwysleisio'r ansoddair neu'r adferf sydd gyda nhw – e.e. sehr teuer (drud iawn), gar nicht intelligent (ddim yn ddeallus o gwbl).

> sehr – iawn
> zu – rhy
> viel – llawer
> ganz/ziemlich – eithaf, yn hollol
> ein wenig – ychydig
> ein bisschen – ychydig
> einfach – yn syml
> gar nicht/überhaupt nicht – ddim o gwbl

TREFN GEIRIAU

BERF FEL AIL SYNIAD

Mewn prif gymal, y ferf yw'r ail syniad bob amser (ond nid bob amser yr ail air):

- Ich **gehe** jede Woche ins Kino.
- Jede Woche **gehe** ich ins Kino.

GEIRIAU CWESTIWN A GWRTHDROI BERFAU

Gallwch chi ofyn cwestiynau mewn dwy ffordd wahanol:

1. Gyda gair cwestiwn:

   wann – pryd
   was – beth
   wo – ble
   warum – pam
   wie – sut, pa mor
   wer – pwy
   welcher – pa

   Was lernst du in der Schule? Beth rwyt ti'n ei ddysgu yn yr ysgol?
   Wie schwierig ist die Schule? Pa mor anodd yw'r ysgol?

2. Neu drwy wrthdroi berf – cyfnewid y ferf a'r goddrych:

   Lernst du gern Informatik? Wyt ti'n mwynhau dysgu TG?
   Ist Schule stressig? Ydy'r ysgol yn achosi straen?

Sylwch y gall y gair am **pwy** fod yn **wer**, **wen** neu'n **wem** yn dibynnu ar gyflwr yr enw.

- Wer yw'r ffurf enwol – e.e. **Wer** ist das?
- Wen yw'r ffurf wrthrychol – e.e. **Wen** hast du gesehen?
- Wem yw'r ffurf dderbyniol – e.e. Mit **wem** bist du hier?

AMSER – DULL – LLE

Dyma'r drefn arferol ar gyfer brawddeg yn Almaeneg pan fyddwch chi'n rhoi nifer o fanylion:

1. Amser (pryd)
2. Dull (sut)
3. Lle (ble)

Ich gehe (1) **jeden Tag** (2) **zu Fuß** (3) **in die Schule**.

CYSYLLTEIRIAU – CYDGYSYLLTIOL AC IS-GYMAL

Nid yw cysyllteiriau cydgysylltiol yn newid trefn geiriau. Dyma rai enghreifftiau cyffredin:

> **und** – a, ac
> **aber** – ond
> **denn** – oherwydd
> **oder** – neu

Ich wohne in der Stadt **und** ich habe mein eigenes Auto.

Mae cysyllteiriau is-gymal yn gweithredu fel dychrynwyr berfau – maen nhw'n anfon y ferf i ddiwedd y frawddeg. Dyma rai o'r rhai mwyaf cyffredin:

> **bevor** – cyn
> **da/weil** – oherwydd, achos
> **obwohl** – er
> **wenn** – pan/os
> **damit** – er mwyn, fel y
> **als** – pryd, pan (amser gorffennol)
> **dass** – sydd
> **ob** – os/pa un ai
> **während** – tra

Ich fahre mit dem Bus, **obwohl** er langsam **ist**.

CYMALAU PERTHYNOL

Mae rhagenwau perthynol yn cael eu defnyddio i gyfeirio'n ôl at enw sydd yn rhan flaenorol y frawddeg. Yn Gymraeg mae'r geiriau **sydd** neu **y** yn cael eu defnyddio fel arfer.

Mae rhagenwau perthynol yn anfon y ferf i ddiwedd y frawddeg. Mae'r rhagenw y mae angen i chi ei ddefnyddio yn dibynnu ar genedl yr enw rydych chi'n cyfeirio'n ôl ato.

> **der** – Der Tisch, **der** in der Ecke ist, ist viel zu klein.
> **die** – Die Bäckerei, **die** in der Stadt ist, ist toll!
> **das** – Mein Lieblingsrestaurant, **das** Nandos heißt, ist in der Stadtmitte.

Gall geiriau fel **wo** a **was** gael eu defnyddio i wneud cymal perthynol:

- Es gibt ein Restaurant, **wo** man Fast Food essen kann. Mae bwyty yno, lle gallwch chi fwyta bwydydd cyflym.
- Ich weiß nicht, **was** ich machen soll. Dydw i ddim yn gwybod beth dylwn i ei wneud.

Eto, mae'r ferf yn y cymal perthynol yn mynd i ddiwedd y frawddeg.

FFURFIAU NEGYDDOL

Mae **nicht** yn golygu **nid** ac fel arfer mae'n negyddu berf:

- Ich gehe am Samstag **nicht** in die Schule.
- Er ist **nicht** groß.

Mae **kein** yn golygu **dim/dim un** ac mae'n cael ei ddefnyddio fel arfer i negyddu enw:

- Ich habe **kein** Auto.
- Es gibt **keine** Bushaltestelle in meinem Dorf.

Mae **nichts** yn golygu **dim/dim byd**:

- Es gibt **nichts** zu tun.

SEIT

Gallwch chi ddefnyddio **seit** gyda'r amser presennol i ddweud pa mor hir rydych chi wedi bod yn gwneud rhywbeth:

- Ich wohne **seit** zehn Jahren in München. Rydw i wedi byw yn München ers deng mlynedd (ac rwy'n dal i wneud!).

Mae **seit** yn cael ei ddefnyddio gyda'r amser amherffaith i ddweud beth oedd wedi digwydd o'r blaen:

- Ich wohnte **seit** einem Jahr in Dresden. Roeddwn i wedi byw am flwyddyn yn Dresden.

DU, IHR A SIE

Mae tair ffordd o ddweud **ti/chi** yn Almaeneg:

- Du yw'r fersiwn anffurfiol os ydych chi'n siarad ag un person.
- Ihr yw'r fersiwn anffurfiol os ydych chi'n siarad â dau berson neu fwy.
- Sie yw'r fersiwn ffurfiol.

GRAMADEG

Rhowch y cwestiynau hyn yn y ffurf Sie.

1. Machst du gern Prüfungen?
2. Arbeitest du gern mit Kindern?
3. Wo möchtest du studieren?
4. Bekommst du Taschengeld?
5. Bist du kreativ?
6. Hast du genug Geld?

TABLAU BERFAU

BERFAU RHEOLAIDD

Mae berfau rheolaidd i gyd yn dilyn yr un patrwm. Edrychwch ar dudalennau 113–121 am fwy o fanylion.

Berfenw		Presennol	Amherffaith	Perffaith	Dyfodol	Amodol
spielen – chwarae	ich	spiel**e**	spiel**te**	habe gespielt	werde spielen	würde spielen
	du	spiel**st**	spiel**test**	hast gespielt	wirst spielen	würdest spielen
	er/sie/es/man	spiel**t**	spiel**te**	hat gespielt	wird spielen	würde spielen
	wir	spiel**en**	spiel**ten**	haben gespielt	werden spielen	würden spielen
	ihr	spiel**t**	spiel**tet**	habt gespielt	werdet spielen	würdet spielen
	Sie	spiel**en**	spiel**ten**	haben gespielt	werden spielen	würden spielen
	sie	spiel**en**	spiel**ten**	haben gespielt	werden spielen	würden spielen

Berfau rheolaidd cyffredin

arbeiten – gweithio
bauen – adeiladu
buchen – bwcio/archebu
danken – diolch
folgen – dilyn
frühstücken – cael brecwast
holen – mynd i nôl
hören – clywed
kaufen – prynu
kochen – coginio
lachen – chwerthin
leben – byw
lernen – dysgu
lieben – caru
loben – canmol
machen – gwneud

malen – peintio
nutzen – defnyddio
putzen – glanhau
regnen – bwrw glaw
reisen – teithio
sagen – dweud
schicken – anfon
spielen – chwarae
surfen – syrffio
tanzen – dawnsio
telefonieren – ffonio
träumen – breuddwydio
wählen – dewis/pleidleisio
wandern – heicio/crwydro
warten – aros
wohnen – byw

TABLAU BERFAU AFREOLAIDD

Berfenw	Presennol	Amherffaith	Perffaith	Dyfodol	Amodol
	Mae rhai berfau'n newid yn y ffurfiau du ac er/sie/es/man.	Mae berfau afreolaidd yn newid y bôn ac yn ychwanegu'r terfyniadau canlynol.	Rhangymeriadau gorffennol afreolaidd. Cofiwch fod rhai berfau'n defnyddio **haben** a rhai'n defnyddio **sein** (dangosir y rhain gan seren*).	Mae'r amser dyfodol yn cael ei ffurfio yn yr un ffordd yn achos berfau rheolaidd a berfau afreolaidd.	Mae'r amser amodol yn cael ei ffurfio yn yr un ffordd yn achos berfau rheolaidd a berfau afreolaidd.
helfen – helpu					
ich	helfe	half	habe geholfen	werde helfen	würde helfen
du	hilfst	halfst	hast geholfen	wirst helfen	würdest helfen
er/sie/es/man	hilft	half	hat geholfen	wird helfen	würde helfen
wir	helfen	halfen	haben geholfen	werden helfen	würden helfen
ihr	helft	halft	habt geholfen	werdet helfen	würdet helfen
Sie	helfen	halfen	haben geholfen	werden helfen	würden helfen
sie	helfen	halfen	haben geholfen	werden helfen	würden helfen
gehen* – mynd					
ich	gehe	ging	bin gegangen	werde gehen	würde gehen
du	gehst	gingst	bist gegangen	wirst gehen	würdest gehen
er/sie/es/man	geht	ging	ist gegangen	wird gehen	würde gehen
wir	gehen	gingen	sind gegangen	werden gehen	würden gehen
ihr	geht	gingt	seid gegangen	werdet gehen	würdet gehen
Sie	gehen	gingen	sind gegangen	werden gehen	würden gehen
sie	gehen	gingen	sind gegangen	werden gehen	würden gehen

Berfenw	Presennol	Amherffaith (bôn)	Perffaith
beginnen – dechrau	-	begann	hat begonnen
bieten – cynnig	-	bot	hat geboten
bitten – gofyn	-	bat	hat gebeten
bleiben* – aros	-	blieb	ist geblieben*
brechen* – torri	-	brach	hat/ist gebrochen*
bringen – dod â	-	brachte	hat gebracht
denken – meddwl	-	dachte	hat gedacht
empfehlen – argymell	empfiehlst empfiehlt	empfahl	hat empfohlen
essen – bwyta	isst isst	aß	hat gegessen
fahren* – mynd/gyrru	fährst fährt	fuhr	ist gefahren*
fallen* – disgyn/cwympo	fällst fällt	fiel	ist gefallen*
fangen – dal	fängst fängt	fing	hat gefangen
finden – dod o hyd i, ffeindio	-	fand	hat gefunden
fliegen* – hedfan	-	flog	ist geflogen*
fliehen* – ffoi	-	floh	ist geflohen*
geben – rhoi	gibst gibt	gab	hat gegeben
gehen* – mynd	-	ging	ist gegangen*
gelingen* – llwyddo	-	gelang	ist gelungen*
gelten – cyfrif/bod yn werth	giltst gilt	galt	hat gegolten
genießen – mwynhau	-	genoss	hat genossen
geschehen* – digwydd	geschiehst geschieht	geschah	ist geschehen*
gewinnen – ennill	-	gewann	hat gewonnen

Berfenw	Presennol	Amherffaith (bôn)	Perffaith
halten – dal	hältst hält	hielt	hat gehalten
heißen – cael eich galw	-	hieß	hat geheißen
helfen – helpu	hilfst hilft	half	hat geholfen
kennen – adnabod	-	kannte	hat gekannt
kommen* – dod	-	kam	ist gekommen*
laden – llwytho	lädst lädt	lud	hat geladen
lassen – gadael	lässt lässt	ließ	hat gelassen
laufen* – cerdded/rhedeg	läufst läuft	lief	ist gelaufen*
leiden – dioddef	-	litt	hat gelitten
leihen – benthyg	-	lieh	hat geliehen
lesen – darllen	liest liest	las	hat gelesen
liegen – gorwedd, wedi ei leoli	-	lag	hat gelegen
lügen – dweud celwydd	-	log	hat gelogen
nehmen – cymryd	nimmst nimmt	nahm	hat genommen
nennen – enwi	-	nannte	hat genannt
raten – cynghori	rätst rät	riet	hat geraten
reiten* – marchogaeth	-	ritt	ist geritten*
rennen* – rhedeg	-	rannte	ist gerannt*
rufen – galw, gweiddi	-	rief	hat gerufen
schaffen – creu	-	schuf	hat geschaffen
scheiden* – gwahanu/ysgaru	-	schied	ist geschieden*
scheinen – disgleirio	-	schien	hat geschienen

Berfenw	Presennol	Amherffaith (bôn)	Perffaith
schlafen – cysgu	schläfst schläft	schlief	hat geschlafen
schlagen – taro/curo	schlägst schlägt	schlug	hat geschlagen
schließen – cau	-	schloss	hat geschlossen
schreiben – ysgrifennu	-	schrieb	hat geschrieben
schwimmen* – nofio	-	schwamm	ist geschwommen*
sehen – gweld	siehst sieht	sah	hat gesehen
singen – canu	-	sang	hat gesungen
sitzen – eistedd	-	saß	hat gesessen
sprechen – siarad	sprichst spricht	sprach	hat gesprochen
stehen – sefyll	-	stand	hat gestanden
stehlen – dwyn	stiehlst stiehlt	stahl	hat gestohlen
steigen* – dringo/codi	-	stieg	ist gestiegen*
sterben* – marw	stirbst stirbt	starb	ist gestorben*
streiten – dadlau	-	stritt	hat gestritten
tragen – cario/gwisgo	trägst trägt	trug	hat getragen
treffen – cwrdd/cyfarfod â	triffst trifft	traf	hat getroffen
treiben – gwneud (chwaraeon)	-	trieb	hat getrieben
trinken – yfed	-	trank	hat getrunken
tun – gwneud	-	tat	hat getan
vergessen – anghofio	vergisst vergisst	vergaß	hat vergessen
verlieren – colli	-	verlor	hat verloren

Berfenw	Presennol	Amherffaith (bôn)	Perffaith
verschwinden* – diflannu	-	verschwand	ist verschwunden*
waschen – golchi	wäschst wäscht	wusch	hat gewaschen
werden* – dod yn	wirst wird	wurde	ist geworden*
werfen – taflu	wirfst wirft	warf	hat geworfen
ziehen – tynnu	-	zog	hat gezogen

ATEBION

YR HUNAN A PHERTHNASOEDD

Tudalen 21
1. Mae fy modryb yn ddoniol, yn garedig ac yn hoff o chwaraeon.
2. Pan oeddwn i'n iau, roedd gen i lawer o ffrindiau.
3. Mae e'n cyd-dynnu'n dda â'i chwaer.
4. Sut rwyt ti'n cyd-dynnu â dy deulu?

TECHNOLEG A CHYFRYNGAU CYMDEITHASOL

Tudalen 25
1. dwy ran o dair
2. b
3. Problemau yn canolbwyntio/marciau gwael yn yr ysgol/salwch (cur pen a phoen yn y stumog)/ofn (rhestrwch unrhyw dri).

IECHYD A FFITRWYDD

Tudalen 31
1. Pobl ifanc ac alcohol.
2. Nifer y rhai rhwng 18 a 25 oed sydd wedi yfed alcohol o leiaf unwaith.
3. Nifer y rhai rhwng 12 ac 17 oed sydd heb yfed alcohol erioed.
4. O leiaf unwaith yr wythnos.

ADLONIANT A HAMDDEN

Tudalen 35
1. Timo
2. Nina
3. Nina
4. Andreas
5. Timo

Tudalen 37
1. Letzte Woche bin ich in die Stadt einkaufen gegangen.
2. Nächstes Wochenende werde ich mit meiner Familie ins Kino gehen.
3. Was ist deine Lieblingssendung?
4. Ich kann morgen nicht ausgehen, weil ich viele Hausaufgaben habe.

BWYD A DIOD

Tudalen 41
1. Mae yng nghanol Ewrop fodern.
2. Gwledydd deheuol a dwyreiniol.
3. Mae eisiau i ryseitiau gael eu rhannu/i deuluoedd goginio a bwyta gyda'i gilydd.
4. Amser.

GWYLIAU A DATHLIADAU

Tudalen 45
Roeddwn i mewn gŵyl gerdd yn München yr wythnos diwethaf. Roedd yn llawer o hwyl, oherwydd roeddwn i yno gyda fy ffrindiau. Dawnsion ni am oriau a gwneud ffrindiau â phobl o bob rhan o'r Almaen. Roedd y gerddoriaeth yn wych ac fe brynais i grys-T fel swfenîr. Nawr rwy'n deall pam mae gwyliau cerdd mor boblogaidd.

ARDALOEDD LLEOL O DDIDDORDEB

Tudalen 51
1. A
2. A
3. B
4. B
5. B

Tudalen 53
Ich wohne gern in meinem Dorf. Es gibt nicht viele Geschäfte. Meine Mutter findet die Gegend langweilig, weil es kein Sportzentrum gibt. Ich werde in Spanien wohnen, wenn ich älter bin.

TEITHIO A THRAFNIDIAETH

Tudalen 55
1. A yw'n bosibl teithio o Hamburg i Berlin am 14 ewro?
2. Yr Almaen ac Ewrop.
3. Maen nhw 75% yn rhatach (nag ar y trên).
4. Yn well i'r amgylchedd/hawdd/hwyl (dim mor ddiflas) (rhestrwch unrhyw ddau).
5. Defnyddio'r wefan neu anfon neges destun.

NODWEDDION LLEOL A RHANBARTHOL YR ALMAEN A GWLEDYDD ALMAENEG EU HIAITH

Tudalen 61

Rwy'n hoffi ymweld â gwledydd newydd pan fyddaf i'n mynd ar fy ngwyliau. Y llynedd, es i i'r Swistir gyda fy nheulu. Mae gan fy rhieni ddiddordeb mewn hanes, felly aethon ni i weld llawer o amgueddfeydd ac adeiladau hanesyddol. Hoffwn i fynd i Wlad Pwyl y flwyddyn nesaf i ddysgu mwy am y diwylliant.

GWYLIAU A THWRISTIAETH

Tudalen 65

1. Markus
2. Lotte
3. Katja
4. Paul
5. Florian
6. Sofia

Tudalen 67

1. gorffennol
2. gorffennol
3. dyfodol
4. amodol
5. presennol
6. presennol

YR AMGYLCHEDD

Tudalen 71

- helpu
- diogelu/amddiffyn/gwarchod
- lleihau
- difrodi/niweidio
- arbed
- llygru
- ailgylchu
- dinistrio
- achosi
- gwastraffu
- defnyddio

Tudalen 71

1. Roedd hi'n stormus/yn bwrw glaw/roedd llawer o law (30–40 litr mewn awr).
2. Roedd yn rhaid i 2500 o bobl adael eu cartrefi/treulio'r noson yn y ganolfan ieuenctid.
3. Mae mwy o lifogydd yn debygol/nid yw'r rhagolygon am y tri diwrnod nesaf yn edrych yn dda.

4. Roedd cenllysg/cesair yr un maint â pheli golff.
5. Bydd hi'n wyntog/yn oer iawn.

MATERION CYMDEITHASOL

Tudalen 75

1. Ddim yn wreiddiol iawn/mae'n hawdd iawn.
2. Prynu cacennau o'r archfarchnad neu'r becws.
3. Anrhegion Nadolig a phen-blwydd (nad oedd eu heisiau)/hen deganau.

BYWYD YSGOL/COLEG

Tudalen 81

1. Eithaf normal/braidd yn dew/gwisgo sbectol (drwchus/sgwâr) (rhestrwch unrhyw ddau).
2. Mae'n gobeithio y bydd ei sbectol yn torri.
3. Nerfus.
4. I gael gwybod ym mha ddosbarth mae ef.
5. Cywilydd/embaras (mae'n mynd yn goch)/mae'n meddwl bod pawb yn edrych arno ac yn chwerthin.

ASTUDIAETHAU YSGOL/COLEG

Tudalen 85

1. b
2. a
3. c
4. b

CYFLOGAETH

Tudalen 91

1. Machen Sie gern Prüfungen?
2. Arbeiten Sie gern mit Kindern?
3. Wo möchten Sie studieren?
4. Bekommen Sie Taschengeld?
5. Sind Sie kreativ?
6. Haben Sie genug Geld?

Tudalen 91

1. Profiad gwaith mewn ysgol gynradd.
2. Bydd yn dda ar gyfer ei CV/mae hi'n hoffi gweithio gyda phlant.
3. Anodd dod o hyd i swydd/diweithdra uchel (ymhlith pobl ifanc).
4. Manylion am y diwrnod gwaith/beth i'w wisgo.

SGILIAU A RHINWEDDAU PERSONOL

Tudalen 95

1. c
2. g
3. ch
4. ff
5. b
6. f
7. e
8. a
9. dd
10. d

ASTUDIAETH ÔL-16

Tudalen 99

1. Roedd yn rhaid i mi ysgrifennu llythyr cais. Roedd yn rhy hir.
2. Roedd gan fy ewythr gyfweliad yr wythnos diwethaf ac roedd yn nerfus iawn.
3. Roedd fy athrawon yn barod iawn i helpu.
4. Hoffwn i ddysgu iaith newydd. Yn anffodus, does dim digon o amser gen i.
5. Mae fy CV yn eithaf diddorol.

CYNLLUNIAU GYRFA

Tudalen 103

1. Kim
2. Lena
3. Gwen
4. Thomas
5. Mari
6. Christian

Tudalen 105

Ich werde nicht in die Oberstufe gehen, weil es langweilig ist. Ich werde die Schule so bald wie möglich verlassen. Berufserfahrung ist wichtiger als Qualifikationen. Es ist einfach, eine gute Stelle in meiner Stadt zu finden. Ich möchte in einem Büro arbeiten, um meine Computerkenntnisse zu verbessern.

GRAMADEG

Tudalen 111

1. Es gibt oft Staus **in** der Stadtmitte.
2. Fahren Sie **mit** der U-Bahn.
3. Es ist **neben** dem Kino.
4. Sie interessiert sich **für** Geschichte.
5. Geh **zu** Fuß.
6. Ich komme **aus** einer Großstadt.

Tudalen 113

1. Ich **trage** modische Kleidung.
2. Ich **höre** überall Musik.
3. Ich **surfe** im Internet.
4. Wir **gehen** ins Einkaufszentrum.
5. Er **schreibt** E-Mails.
6. Ich **besuche** Chatrooms.

Tudalen 116

1. Ich **habe** CDs gekauft.
2. Ich **bin** ins Restaurant gegangen.
3. Er **hat** einen Film gesehen.
4. Wir **sind** ins Kino gegangen.
5. Ich **habe** in Frankreich gewohnt.
6. Meine Schwester **hat** Kleidung gekauft.

Tudalen 116

1. Ich habe meinen Führerschein gemacht.
2. Ich bin mit dem Rad gefahren.
3. Ich habe Autos sehr laut gefunden.
4. Mein Bruder ist zu Fuß in die Stadt gegangen.
5. Wir sind nach Spanien geflogen.

Tudalen 116

1. Mein Bruder hat gerne ferngesehen.
2. Meine Schwester hat das Stadion besucht.
3. Ich habe Fotos hochgeladen.
4. Er hat Musik heruntergeladen.
5. Ich habe oft das Internet benutzt.

Tudalen 117

1. Ich **hatte** viele Hausaufgaben.
2. Ich **war** nervös, weil ich eine Prüfung **hatte**.
3. Er **hatte** nicht genug Zeit.
4. Ich **hatte** keine Lust, Grammatik zu lernen.
5. Es **war** sehr kompliziert.
6. Ich **war** müde.

Tudalen 117

1. Ich **hatte** Kopfschmerzen.
2. Es **war** gestern sonnig.
3. Ich **musste** eine neue Batterie kaufen.
4. Es **gab** viele Probleme.
5. Wir **hatten** Hunger.

Tudalen 118

1. Ich werde Computerspiele spielen.
2. Mein Bruder wird ein neues Handy kaufen.
3. Wir werden ins Kino gehen.
4. Sie wird einen 3D-Drucker kaufen.
5. Autos der Zukunft werden keinen Fahrer brauchen.

Tudalen 119

1. Ich würde Autos waschen.
2. Er würde Geld spenden.
3. Die Organisation würde mehr Geld verdienen.
4. Es wäre besser.
5. Ich hätte nicht genug Zeit.

Tudalen 121

1. Mae sinema yng nghanol y dref.
2. Doedd dim llawer i bobl ifanc.
3. Mae'n ddrwg gen i.
4. Rydw i wir yn ei hoffi.
5. Roeddwn i'n hoffi'r blas.

Tudalen 121

1. Ich werde nächstes Jahr Geschichte **lernen**.
2. Ich habe letztes Jahr Mathe **gelernt**.
3. Ich **mache** gern Sport.
4. Ich **hatte** gestern nicht genug Zeit.
5. Es **war** langweilig.
6. Ich **würde** eine neue Sprache lernen, wenn ich mehr Zeit **hätte**.

Tudalen 123

1. Ich trinke gern **warme** Getränke.
2. Es gibt ein **türkisches** Restaurant.
3. Ich werde **schwarze** Jeans tragen.
4. Wir verkaufen **preiswerte** Snacks.
5. Buchen Sie eine **unvergessliche** Party!
6. Mein **älterer** Bruder ist Vegetarier.

Tudalen 127

1. Machen Sie gern Prüfungen?
2. Arbeiten Sie gern mit Kindern?
3. Wo möchten Sie studieren?
4. Bekommen Sie Taschengeld?
5. Sind Sie kreativ?
6. Haben Sie genug Geld?

25.06.2020

MALA